带你一起去滑雪

——开启滑雪的金钥匙

主　编　黄洪利
副主编　许水生　韩国臣　崔英波
参　编　张　驰　王宇航　黄馨露
　　　　曲发兴　刘志君　谷化铮
　　　　王永涛　王　聪

哈尔滨工程大学出版社
Harbin Engineering University Press

内 容 简 介

本书简要介绍了滑雪运动的起源和发展、滑雪运动项目、滑雪场和滑雪装备器材的选择，重点介绍了滑雪的基础动作和高山滑雪运动的基本动作、技巧和方法。本书对每个动作都配了大量实景照片，例如原地转向、蹬坡、安全摔倒与站起、犁式滑降、直滑降、横滑降、犁式转弯、卡宾回转等，并详细列出了每个滑雪基本动作的基本要领、重点难点、常见错误动作、常用的练习方法和注意事项等，是滑雪爱好者开启滑雪运动的金钥匙。

本书融合了作者多年的高山滑雪技巧和经验，可以作为广大滑雪爱好者、滑雪专业人士和大中小学冬季滑雪教学的参考书籍。

图书在版编目（CIP）数据

带你一起去滑雪：开启滑雪的金钥匙 / 黄洪利主编
. —哈尔滨：哈尔滨工程大学出版社，2021.10
ISBN 978-7-5661-3257-4

Ⅰ. ①带…　Ⅱ. ①黄…　Ⅲ. ①雪上运动—基本知识
Ⅳ. ① G863.1

中国版本图书馆 CIP 数据核字 (2021) 第 172566 号

带你一起去滑雪——开启滑雪的金钥匙
DAI NI YIQI QU HUAXUE—— KAIQI HUAXUE DE JINYAOSHI

选题策划　史大伟　雷　霞
责任编辑　雷　霞
封面设计　李海波

出版发行　哈尔滨工程大学出版社
社　　址　哈尔滨市南岗区南通大街 145 号
邮政编码　150001
发行电话　0451-82519328
传　　真　0451-82519699
经　　销　新华书店
印　　刷　哈尔滨市石桥印务有限公司
开　　本　787 mm × 1 092 mm　1/16
印　　张　6.5
字　　数　155 千字
版　　次　2021 年 10 月第 1 版
印　　次　2021 年 10 月第 1 次印刷
定　　价　45.00 元
http：//www.hrbeupress.com
E-mail：heupress@hrbeu.edu.cn

作者介绍

黄洪利，哈尔滨工程大学体育部教师，高山滑雪国家级裁判员，北京 2022 年冬奥会和冬残奥会组织委员会高山滑雪项目组核心成员，并参加 2022 年北京冬奥会高山滑雪第 5、6 期裁判培训，任赛道长。

黄洪利是中国高山滑雪的领军人物，代表了中国男子高山滑雪的最高水平，擅长高山滑雪全能、速降及大回转等项目。1986 年，黄洪利获得中国高山滑雪比赛速降冠军，这是黄洪利职业生涯中的第一个冠军，并获得了国家级运动健将称号。之后还获得了 1987 年第六届全国冬运会高山滑雪比赛全能冠军、1988 年全国高山滑雪比赛超级大回转冠军、1988 年全国高山滑雪比赛速降冠军、1989 年全国高山滑雪比赛超级大回转冠军、1989 年全国高山滑雪比赛回转冠军、1990 年全国高山滑雪比赛速降冠军；1991 年，在严重受伤、用担架抬着参赛的情况下，仍取得第七届全国冬运会高山速降和回转两项亚军。1991 年因伤退役。黄洪利所取得的成绩和达到的运动高峰，迄今为止，在中国高山滑雪运动史上无人企及和超越。

黄洪利退役之后，继续发扬奥林匹克“更高、更快、更强”的精神，积极进取，顽强拼搏，完成了从优秀运动员、教练员到体育科学研究者的华丽转身。任职哈尔滨工程大学后，潜心钻研体育理论，将高山滑雪运动实践与体育理论相结合，在国家级刊物上发表高水平学术论文多篇，多篇代表性论文获得优秀运动科学论文奖项，并承担了体育科研课题的研究、攻关及国家级教材的编写工作，具有较高的理论水平和学术影响力。

在北京筹备 2022 年冬季奥运会过程中，黄洪利参与修订《北京 2022 年残疾人奥运会竞赛规程》，主要起草高山滑雪回转和大回转两个项目的竞赛规则、程序和技术标准。在全国中小学统编系列教材的高山滑雪教材中，黄洪利担当其中视频教学的表演者和图片教学的示范者，并承担教材主要内容的编写工作。

鸣　谢！

本书的编写和照片拍摄得到了以下人员的帮助，特此感谢！

北京 2022 年冬奥会和冬残奥会组织委员会委员　崔英波

北京市冬季运动管理中心副主任，北京市滑雪协会主席　李晓鸣

中国滑雪协会滑轮推广委员会委员，北京市滑雪协会副秘书长，
1031 滑雪俱乐部创始人　倪守军

哈尔滨市滑雪协会主席、黑龙江芬澜雪动体育文化发展有限公司
董事长　孙明

黑龙江缤纷假日贸易有限公司　许四海

北京蜂鸟文化发展有限公司　李旭

哈尔滨工业大学　谷化铮

哈尔滨医科大学　张驰

哈尔滨学院　王宇航

黑龙江省商务学校　曲发兴

黑龙江省雪上训练中心　王永涛

黑龙江省商务学校　刘志君　王聪

目　录

第一章

滑雪运动简介

滑雪运动的起源与发展

滑雪运动的起源

人类的滑雪活动起源于北欧的挪威和瑞典。挪威国家滑雪博物馆收藏有 1600 年前的滑雪用品。在北欧有六至八个月的漫长冬季，白雪皑皑，人们到积满深雪的荒原或森林去打猎，最安全的交通工具便是捆套在双脚上的“雪板”。北欧人将这种穿越荒原和森林的滑雪活动称为北欧滑雪之越野滑雪。越野滑雪从狩猎滑雪发展为士兵行军滑雪乃至民众的祭祀、娱乐滑雪；越野滑雪的跳跃演变为跳台滑雪。越野滑雪、跳台滑雪组成北欧两项，通称为北欧滑雪运动。

1226 年，挪威内战时期，两名被称为“华木腿”的侦察兵，怀藏两岁的国王哈康四世，滑雪翻越高山，摆脱了敌人。现在，挪威每年举行长达 35 英里（1 英里≈ 1609 米）的越野马拉松滑雪赛，与当年侦察兵所滑路程相同。1924 年，越野滑雪和跳台滑雪被列为首届冬奥会比赛项目。高山滑雪起源于中欧的阿尔卑斯山周边国家，称为“阿尔卑斯滑雪”或“山地滑雪”。1850 年，在挪威的泰勒马克郡出现了改变方向和停止滑行的旋转滑雪技术。为了纪念这项滑雪技术的变革，至今在国际滑雪联合会（简称国际雪联）仍然保留了“泰勒马克”滑雪形式。1868 年，挪威滑雪运动奠基人诺德海姆等人在奥斯路滑雪大会上表演了侧滑和 S 形快速下降技术。1890 年，奥地利的茨达尔斯基发明了适合阿尔卑斯山地特点的短滑雪板及滑行技术；1905 年，他在维也纳南部的利林费尔德进行了高山滑雪史上第一次回转障碍滑表演。

单板滑雪又称为滑板滑雪，源于20世纪60年代中期的美国，其产生与冲浪运动有关。1965年，舍曼波潘把两个滑雪板绑在一起，偶然中创造了两脚踩踏在一块板上的新式“滑雪板”。单板滑雪也称为冬季的冲浪运动，单板滑雪选手用一个滑雪板而不是一双滑雪板，利用身体和双脚来控制方向。进入20世纪80年代，单板滑雪开始风靡美国，之后又传到欧洲。1982年，美国举行了单板滑雪全国锦标赛；1983年，举行了首届单板滑雪世界锦标赛；1990年，成立国际单板滑雪联合会；1994年，国际滑雪联合会将单板滑雪定为冬奥会正式比赛项目；1998年，日本长野冬奥会首次举行了单板滑雪比赛。

滑雪运动的发展

滑雪运动在欧洲、北美洲、日本等地区和国家已经成为民众冬季体育活动的主要项目之一，以健身休闲为目的的大众滑雪更是深受广大消费者的青睐。在奥地利，围绕着阿尔卑斯山脉，遍布滑雪场、滑雪酒店、滑雪俱乐部、滑雪器材用品专卖店等，滑雪及其相关产业已经成为奥地利国家经济发展的重要支柱产业。在美国，滑雪人数已达1000多万人，每年滑雪器材销售额达3.5亿美元。在法国，每年滑雪人数有700多万人，滑雪收入超过百亿美元。瑞士的瓦莱州人口仅20万，但每年接待滑雪旅游者达1000万人次。日本凭借良好的经济条件、天然条件，修建了900余座现代滑雪场，有近2000万滑雪爱好者。世界大众滑雪产业蓬勃发展，带动了滑雪装备、设施、旅游、宾馆等相关产业的发展，对区域经济的蓬勃发展有巨大的推动作用。如今，日本的滑雪服装产业，奥地利的滑雪器材产业，德国、美国、加拿大、意大利的滑雪机械产业，瑞士的滑雪用品产业等，拥有众多国际滑雪名牌产品，经济效益超过千亿美元。

在我国，随着国民经济高速发展，城乡居民的收入大大提高，可支配收入和假期增多，人们的生活方式与休闲观念开始由生存型向享受型转变。在此大环境下，滑雪旅游、休闲作为别有趣味与品位的一种生活享受，在休闲经济中逐渐占有一席之地并逐渐得到蓬勃的发展。1996年，我国仅有9家大众滑雪场，参与人数1000余人；自2000年后大规模造雪技术广泛普及，到2010年，全国各地已接近350家滑雪场，年滑雪人数突破了1000万人次。到2020年，全国已建成近700家滑雪场。

滑雪运动项目简介

我们常见的滑雪运动项目主要有高山滑雪项目、北欧滑雪项目、单板滑雪项目、自由式滑雪项目、滑草滑雪项目、滑轮滑雪项目、泰勒马克式滑雪项目和速度滑雪项目。

北欧滑雪项目

越野滑雪、滑轮滑雪、跳台滑雪、飞翔式滑雪、北欧两项、北欧两项团体赛、滑轮滑雪北欧两项、直排滑轮滑雪北欧两项、跳台滑雪团体赛、塑料跳台滑雪、大众越野滑雪竞赛。

高山滑雪项目

滑降、回转、大回转、超级大回转、平行式比赛、全能比赛、淘汰赛、团体赛。

自由式滑雪项目

雪上技巧、双人雪上技巧、空中技巧、滑雪追逐、U 形场地技巧、坡面技巧、团体赛。

单板滑雪项目

回转、平行回转、大回转、平行大回转、超级大回转、U 形场地、单板滑雪追逐、腾空滑雪、坡面技巧、团体赛。

高山滑雪竞赛简介

高山滑雪运动将速度与技巧完美地结合在一起，运动员在滑行过程中左右盘旋，将健美与优雅融为一体，粗犷中不失优雅，所以它一直深受广大滑雪者喜爱。高山滑雪的基本技术是大众休闲滑雪和其他滑雪项目的技能基础。高山滑雪设置了滑降、回转、大回转、超级大回转和全能项目(滑降 + 回转)。不同项目起点与终点的垂直高度差亦有不同，每个项目一个协会限报 4 人，比赛采用单人出发，顺序由抽签排定。

垂直高度差

1. 滑降（Downhill）

滑降赛的特征体现在六个方面，即技术、勇气、速度、冒险、身体状况和判断力。线路必须契合运动员以不同的速度从起点滑到终点的情况。运动员根据自己的滑行技术水平和对自我能力负责任的判断，来调整滑行速度和动作。

（1）男子线路要求

冬奥会、国际雪联世锦赛和国际雪联世界杯赛：800（特殊情况下 750 米）~1100 米；

洲际杯赛：550~1100 米。

国际雪联其他比赛：450~1100 米（U21–U18，青年组为 700 米）。

两次滑行比赛：350~450 米。

（2）女子线路要求

所有比赛：450~800 米（U21–U18，青年组为 700 米）。

两次滑行比赛：350~450 米。

（3）入门级别比赛（ENL）（男子和女子）

一次滑行比赛：400~500 米。

两次滑行比赛：300~400 米。

该项目比赛的雪道必须经审定，并标明起、终点的位置。

2. 回转 (Slalom)

回转项目要求运动员从高山上滑下时不断穿过多种形式的旗门，并连续转弯高速下滑，是一项竞速滑雪比赛。

（1）男子线路要求

冬奥会、国际雪联世锦赛和国际雪联世界杯赛：180~220 米。

国际雪联其他比赛：140~220 米。

（2）女子线路要求

冬奥会、国际雪联世锦赛和国际雪联世界杯赛：140~220 米。

国际雪联其他比赛：120~200 米。

（3）入门级别比赛（ENL）（男子和女子）要求 80~120 米。

三次滑行比赛：最低 50 米。

3. 超级大回转（Super–G）

（1）男子线路要求

冬奥会、国际雪联世锦赛、国际雪联世界杯和洲际杯赛：400~650 米。

国际雪联其他比赛：350~650 米。

（2）女子线路要求

冬奥会、国际雪联世锦赛和国际雪联世界杯赛：400~600 米。

国际雪联其他比赛：350~600 米。

（3）儿童线路要求

儿童比赛 250~450 米。入门级别比赛（ENL）：350~500 米。

4. 大回转（Giant Slalom）

男子线路要求 250~450 米，女子线路要求 250~400 米。在冬奥会、国际雪联世锦赛和国际雪联世界杯赛中，大回转的最小垂直高度差应为 300 米。

儿童线路要求 200~350 米，U16（K2）级别的大回转必须包括两轮滑行，U14(K1) 级别也可以有两轮滑行。

入门级别比赛（ENL），女子和男子要求 200~250 米。大回转和回转比赛一样。第一、二次滑行时间合在一起计算成绩。

儿童比赛的大回转雪道，垂直高度差为 140~200 米。

大回转旗门应按以下数据设置（通过对小数的进位舍位改变方向数量）：

成人比赛：垂直高度差的 11%~15%。儿童比赛：垂直高度差的 13%~17%。入门级别比赛（ENL）：垂直高度差的 13%~15%。

线路长度

滑降、超级大回转、大回转、回转的线路长度应由测量尺、轮尺、GPS 等工具测量出，并须在出发顺序表和成绩公告上标明。

旗 门

1. 滑降（Downhill）

滑降比赛旗门由 4 个回转标杆和 2 面旗门布组成。线路用红色或蓝色旗门标明。如果男女使用同一条赛道，女子比赛额外的旗门布必须用蓝色。

旗门布至少宽 0.75 米、高 0.50 米。旗门布应系在旗门杆上，能使运动员尽可能容易地辨认出。红色布也可用橘黄色布代替。在赛事中，如果安全网的颜色与旗门的颜色一致（通常为蓝色或红色），不易区分，则旗门应使用另外一种颜色（通常为蓝色或红色）。旗门宽至少 8 米。延迟门组合和垂直门组合如图 1–1 所示。

2. 回转（Slalom）

一个回转旗门由两根回转旗门杆组成，如果没有外侧旗门杆，则旗门由一个绕行杆组成。红色和蓝色的旗门应交替设置。回转单杆比赛旗门设计图如图 1–2 所示。

旗门宽最小 4 米，最大 6 米。两个连续旗门的内侧杆之间的距离不得小于 6 米，不得大于 13 米。回转转弯旗门之间最小间距为 0.75 米（适用于所有级别的比赛）。儿童比赛例外，两个连续旗门的内侧杆之间的距离为 7~11 米。

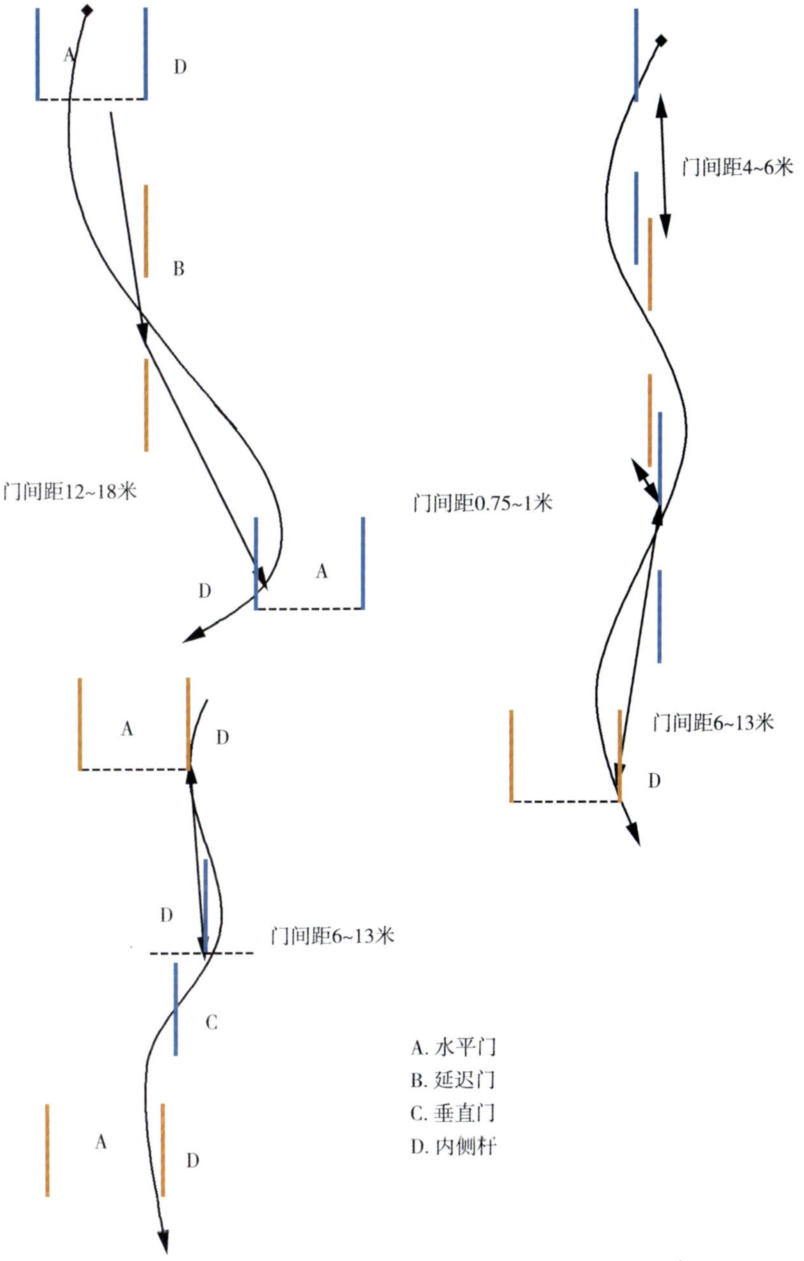

▲ 延迟门组合　　▲ 垂直门组合

图 1–1　延迟门组合和垂直门组合

（引自《高山滑雪国际竞赛规则》）

3. 超级大回转（Super–G）

超级大回转的旗门由 4 根回转旗门杆和 2 面旗门布组成。

旗门应红蓝交替设置。旗门布至少宽 0.75 米、高 0.5 米。每面旗门布应系在两根旗门杆之间，旗的底部应至少高出雪地 1 米，并能被拉下。

开口旗门内侧旗杆的距离最少 6 米，最多 8 米。垂直闭口旗门内侧旗杆的距离最少 8 米，最多 12 米。旗门布系好并能被撕开或从旗杆上拉下。

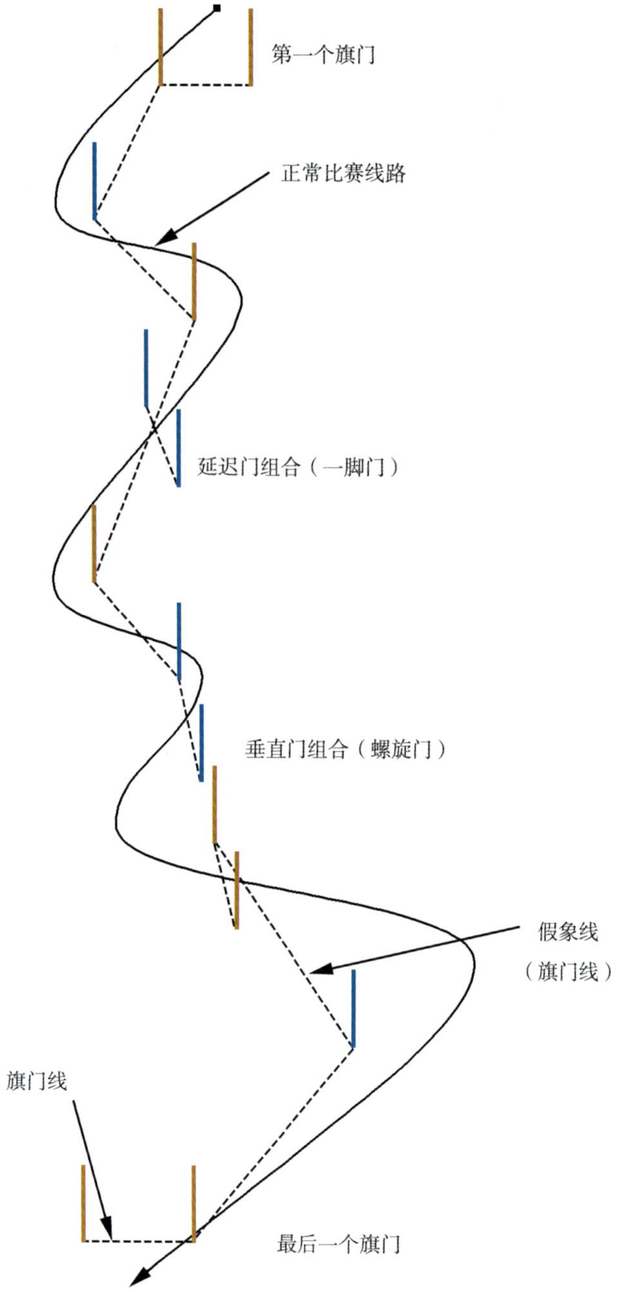

图 1-2　回转单杆比赛旗门设计图
（引自《高山滑雪国际竞赛规则》）

国际雪联级别的比赛，其方向改变的数量最少为垂直高度差的 7%。对于冬奥会、世锦赛、世青赛和洲际杯级别的比赛，方向改变数量最少为垂直高度差的 6%（相邻两个旗门绕行杆间的距离至少为 25 米）。

儿童比赛：方向改变数量最小为垂直高度差的 8%，最大为 12%。入门级别比赛（ENL）：至少为垂直高度差的 7%。

4. 大回转 (Giant Slalom)

大回转旗门由 4 根回转杆和 2 面旗门布组成。

旗门应红蓝色交替设置。旗门布宽 0.75 米、高 0.5 米。旗门布应系在两旗门杆之间，其底边应至少高出雪面 1 米，并能被撕开或从旗杆上拉下。

旗门至少宽 4 米、至多宽 8 米。相邻两旗门杆的最小距离应不少于 10 米。在儿童比赛中，两相邻绕行杆的间距须不大于 27 米。

线路特征

1. 滑降（Downhill）

除了在线路两侧插上足够的红色和绿色指示旗外，还必须在危险地段、坡度转换和颠簸地带、转弯处，以及运动员易滑错方向等地段设置旗门。运动员必须至少一只滑雪板的前端和双脚都通过旗门线，方为正确通过旗门。

2. 回转（Slalom）

在冬奥会和国际雪联世锦赛上，线路须建在坡度为 33% ~45% 的坡地上。在线路中一些很短的部分坡度甚至可以小于 33% 和超过 52%。考虑到高度差和坡度规定，理想的回转线路须包括一系列的转弯，其设置须能使运动员以最快的速度、干净利落并准确地完成动作。

全能比赛

全能比赛可在任一级别赛事中举行，要求运动员具备全面的高山滑雪技术和体能。当世界优秀的高山滑雪运动员具有良好的体能和全面的技术可以参加任何一项高山滑雪单项比赛，而且还可以取得好的成绩时，就可以参加全能比赛。全能比赛对高山滑雪运动员的选拔和训练提出了更全面、更高的要求。

全能项目可办成单项比赛或团体比赛。

只有参加了全能项目中的所有单项比赛，且取得单项成绩的运动员才有资格取得全能比赛成绩。

1. 超级全能比赛

比赛成绩是根据滑降或超级大回转和回转项目的技术规定，计算一轮滑降或超级大回转比赛和一轮回转比赛的成绩之和。超级全能项目包含两轮滑行。

超级全能项目中，滑降或超级大回转比赛必须分别在取得滑降或超级大回转认证的场地上进行。回转比赛也可在这些场地上进行。

在情况允许的前提下，两轮比赛可在同一天举行（仲裁委员会决定特例情况）。

2. 经典全能比赛

全能比赛的比赛成绩为一轮滑降比赛和一轮回转比赛的成绩之和。每个项目的比赛成绩分别计算。

假如在第二项举行回转比赛，则未在第一轮比赛取得前 30 名的选手将排在第二轮比赛的最后出发，并在其名单上做 K 或 ZK 的标记。

3. 特殊形式全能比赛

全能比赛也可以是由三或四个单项组成的比赛。

国际雪联可授权举办由一个或多个单项赛组成的全能比赛。单项赛可以是符合《高山滑雪国际竞赛规则》第 700 至 1000 条款规定的比赛，也可以是国际雪联其他竞赛分项或其他体育项目（例如混合了北欧两项、游泳或航海等项目的高山滑雪比赛等）。举办这种全能比赛必须得到国际雪联的批准。参赛规则和总则的制定必须参照《高山滑雪国际竞赛规则》。

4. 一般团体比赛

在无任何反对意见的情况下，每队由 5 名运动员组成，选取其中 3 个最好的比赛成绩计入总成绩。

5. 团体全能比赛

比赛由两项比赛组成（超级大回转和回转），每项比赛有四个回合。

每支队伍须至少有 4 名（两男两女）符合参加超级大回转和回转单项比赛资格的运动员参加本项比赛。

各队每次滑行至多有 2 名女运动员和 2 名男运动员参加。每队参赛人数最多为 6 人。

高山滑雪比赛出发信号

在离出发还有 10 秒时，发令员将对即将出发的运动员说：“10 秒。”在出发前 5 秒时，他将数“5，4，3，2，1”，然后发出出发命令：“出发（Go——Partez——Los）。”

如果可能，可使用听得到的自动信号。发令员可允许运动员看出发钟。

第二章

如何选择适合自己的滑雪场

选择滑雪道

高山滑雪场地又可分为竞技滑雪场地和大众滑雪场地。其中竞技滑雪场地有回转、大回转、超级大回转和滑降的线路。大众滑雪场地难度较小，可分为初级、中级和高级滑雪道。滑雪场一般有几条或几十条雪道，可满足训练、竞赛和大众健身娱乐等需求。

选择滑雪场时，不仅需要选择正规的雪场，有一定的造雪设备和安全设施，而且要选择适合自己的雪道、判断雪质。

到任何一个滑雪场滑雪，首先要做的是拿一张雪场的地形图仔细看。虽然所有的滑雪场的地形图都有些相似，都有初级道、中级道、高级道，但其具体行走路线却各不相同。因此要根据地形图研究地势，根据自己的滑雪技术水平选择适合自己的雪道。

作为一个初学者，不能贸然选择人多的雪道，或错误地认为跟着会滑的朋友就比较安全了，而是要选择适合自己的雪道，这是非常重要的。所以要分清雪道的等级，如果你在山脚下选错了缆车，为了安全起见，等你到山顶后，一定要继续坐缆车下山，千万不要滑下山，那是非常危险的。每个雪场的地形图上都会有各种标志，进滑雪场前要理解它们的含义。对于初学者来说，最主要的是分清雪道。目前国内的雪场一般分为初级道、中级道

和高级道。

最初进入雪场的人应在初级道练习基础的滑行动作；能力较强的滑雪者经过 1 ～ 2 天的初级道练习，就可以进入中级道练习了。对于多数滑雪者来说，在没有完全掌握滑雪的基本技术时，不可贸然上高级道。

一般来说，正规滑雪场内的雪道上都有道标，不同颜色和形状的道标代表不同级别的雪道。

绿色圆圈表示初学者滑雪道，一般表示雪道的坡度较小，坡度一般不超过 40°，雪道较平滑且较宽；蓝色方块表示中级雪道，坡度较大，在 40° ～ 65°，雪道较平滑，也较宽；再往上就是高级的黑色钻石雪道。黑色钻石雪道又可分为一个黑色钻石雪道和两个黑色钻石雪道。两个黑色钻石这一级别的雪道，是顶级难度的雪道，坡度一般都大于 60°，雪道不平滑。一般来说，坡度越大，雪道越窄，雪道越不平滑，其级别就越高，当然就越难，技术要求也高。

右侧为初级道　左侧为中级道

这些难度是根据滑雪场的实际情况而定的。每一色中当然也有容易、中等和困难之分，而且相差相当大，比如 5° 和 40° 都可以是绿色雪道。一般越好的雪场，难度越高。有的世界一流雪场的绿色雪道比普通雪场的蓝色雪道更陡。

总而言之，初学者或者有一些基础的滑雪者来到一个新的滑雪场时，首先应从最容易的雪道开始。这样做既可以了解雪场的情况，又能在正式滑雪前做好热身。

判断雪质

当你喜欢上滑雪运动以后，可能会经常去不同的雪场滑雪，很快你就会发现，每个雪场不仅雪道各不相同，雪质也有区别，而且令初学者难以适应。下面我们简单介绍一下雪质的基本知识。

一般来说，由于下雪时和下雪后的气象条件不同，雪会呈现各种各样的形态。有人统计过，大自然中的雪有粉状雪、片状雪、雨夹雪、易碎雪、壳状雪、浆状雪、颗状雪、泥状雪、冰状雪等；人工造的雪主要有压实的粉状雪、雪道雪，总计 60 多种。每种雪在滑雪板下都会使滑雪者产生不同的感受，当然针对每种雪质所使用的滑雪技巧也会不同。

在我国，由于大多数滑雪场建在北方内陆，不受海洋季风的影响，具有空气干燥、寒冷、风大的特点，因此雪的形态大多为粉状雪、壳状雪、冰状雪、浆状雪。目前国内的滑雪场主要是将上述雪搅拌后制成雪道雪。在清晨时，这种雪呈现冰状雪形态，表层有一层薄的硬冰壳，这种雪质的表面与滑雪板的摩擦力非常小。滑雪板无须打蜡，滑行速度会很快，滑雪者需要具备一定的滑行技术。

上午 9 点钟以后，随着阳光的照射，温度升高，雪的表面慢慢融化，呈粉状雪形态。这种雪对于滑雪者来说感受最好，不软不硬，滑行舒服。

下午，在阳光的照耀和雪板的不断翻动下，雪呈浆状雪形态，雪质发黏，摩擦力增大，初学者在这种雪质上滑行较容易控制滑雪板。技术好的滑雪者，可以在滑雪板的底面打蜡，以减小滑行阻力。

在下了新雪后，如果不用雪道机搅拌或压实，几天后雪的表面会形成一层硬壳。在这种雪上滑行，要求滑雪者有较大的前冲力，以冲破这层雪滑行。这种雪质一般在雪道机无法达到的较高、较陡的高级滑雪道上，所以要求滑雪者有较高技术水平才能在这种又高又陡、需要较大前冲力的雪面上滑行。一旦你掌握了驾驭它的本领，看着一块块破碎的雪壳在空中飞舞，定会其乐无穷。

雪场主要设备

造雪机

造雪机包括移动炮式造雪机、枪式造雪机、塔式造雪机、悬臂造雪机、天然雪造雪机和庭院式造雪机。造雪机在临界温度、湿度条件下性能卓越。水高压喷射雾化后，通过外界冷空气的作用，将雾状水变成雪的人工造雪机，其采用尖端的喷嘴技术，可调节造雪方式，使雪在空中多次碰撞，保证雪质优良。冬天在下雪量少或积雪期短的地方，利用造雪机可以保证雪量充足并延长滑雪期。

压雪车

压雪车是修整滑雪场地的专用车辆，具有推平压雪的功能，压好的平坦雪道可以保证滑雪的舒适性和安全性。

滑雪安全设施

为了及时救助意外受伤者，滑雪场要安排安全巡逻的设备，如雪橇、雪地摩托等。在容易发生事故的危险地段还应设置安全标志和安全网，以提醒和保护滑雪者。这里还可以安装一些旗门杆、旗门防护网、雪钻等体育用品设施和维护设施。

第三章

如何选择滑雪器材

高山滑雪装备

滑雪板

根据不同的比赛项目，竞技高山滑雪板分为大回转用板、回转用板、全能用板和超级大回转用板。大众滑雪板分为初学者板、中级板和高级板；按性别或年龄分为男板、女板、成人板和儿童板。

1. 滑雪板的构造

经过多年的发展和变革，现在的滑雪板已和早期的滑雪板大为不同。现代科学技术的应用，使滑雪板的材质和形状等有了很大的改进。过去的滑雪板由一层或多层的木板做成，现在的滑雪板（图 3–1）则由多层的纵横结构组成，主要用抗扭曲、弹性好的木材、塑料和玻璃纤维等复合材料制成，其在重量、长度、宽度等方面也比以前更加多样化。

图 3–1　滑雪板

2. 滑雪板的选择

滑雪板的长度、宽度、弧度和硬度决定了滑雪板的性能。滑雪板越长，滑行速度越快，越难控制；相反，滑雪板越短，滑行速度越慢，越容易控制。就宽度而言，滑雪板越宽，速度越慢，越容易控制。板腰宽的滑雪板适用于大回转；板腰窄的滑雪板适用于回转。滑雪板如图 3–2 所示。

图 3–2　滑雪板

图 3–3　滑雪板长度示意图

挑选滑雪板的时候，必须考虑到自己的身高、体重、年龄、经济等各方面因素，滑雪板在长度、重量、弹性和硬度等方面应与滑雪者自身的情况相符。具有不同经验和技术的滑雪者，对滑雪板有不同的要求。一般情况下，成年人高山滑雪板的长度应少于自己身高 10 厘米（图 3–3），儿童滑雪板的长度少于身高 5~10 厘米；滑雪水平高者可选择少于身高 5 厘米或与身高一致的滑雪板。

初学者最好选用轻便、弹性好、板头较大、长度较短的滑雪板。

携带滑雪板时，将滑雪板底面相对，并在一起，然后竖起滑雪板，板尖朝上，单手环抱滑雪板，手指勾住外雪板固定器前部的卡槽内，顺势将滑雪板抬起，另一只手握两只雪杖（图 3–4）。

图 3–4　滑雪板底面相对

固定器与止滑器

1. 固定器

固定器是连接滑雪鞋和滑雪板的装置。固定器的作用首先是将滑雪鞋固定在滑雪板上，其次是在滑雪者摔倒时能使滑雪板自动脱落，避免滑雪者受伤。

（1）固定器组成

固定器由前、中、后三部分组成(图3-5)，前部和后部可将滑雪鞋与滑雪板固定在一起，其上有显示和调节松紧强度的装置。前固定器在横向外力过大时（侧倒时）会自动脱开；后固定器在纵向外力过大时（前摔时）会自动脱开；中间部分的垫片可以减小滑雪板与雪面的摩擦，提高转弯的速度。固定器上的固锁柄可把固定器锁住或松开。

图 3-5　固定器

（2）固定器的安装和调节

固定器分前后两部分。可直接用螺丝将固定器固定在滑雪板上。安装固定器时，滑雪板的中心点（有标记）对准滑雪鞋的中心点（有标记）。可先安装前固定器，再将后固定器沿着滑雪板前后移动，等调整到适合滑雪鞋的距离时再将其锁住。前固定器的卡槽用来固定滑雪鞋的前部，在卡槽的两边装有两个具有弹性的挡板，主要用来卡住滑雪鞋，使滑雪鞋不会左右移动，其弹性的大小也可以随需要来调节。后固定器除了可以前后移动外，还可以上下扳动，其强度可以通过后固定器上的旋钮进行调节。

（3）固定器的强度

固定器的强度通过调节DIN（释放/保留）指数来改变。滑雪者根据自己的体重、习惯、滑雪经历和技术水平等因素，来决定固定器的强度大小。如果固定器的强度过大，摔倒时雪板不能脱落，会造成意外损伤；反之，如果固定器强度过小，轻微的活动就会掉板，同样会给滑雪者带来麻烦。为了保证滑雪的舒适和安全，应合理地调节DIN指数。滑雪者可根据固定器强度与自己的具体情况做适当的调整。各级别的滑雪者适合的DIN指数如表3-1所示。

表 3-1　适合的 DIN 指数

使用者	DIN 指数
初学者	前 5 后 6
中级者	前 7 后 8
高级者	前 10 后 14

2. 止滑器

当滑雪鞋从固定器上脱落时，滑雪板上的止滑器（图 3–6）会自动放下，以免滑学者跌倒时滑雪板滑下山去。同时止滑器也可以将两块滑雪板扣在一起，以方便携带。

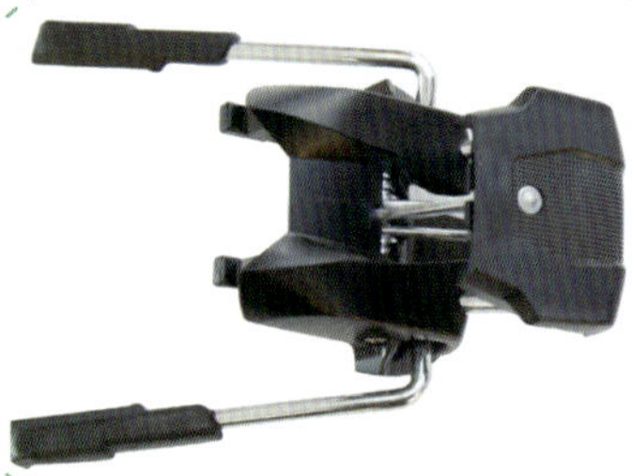

图 3–6　止滑器

滑雪鞋

1. 滑雪鞋的构造

滑雪鞋对脚和踝关节有固定、保护、保暖等作用。滑雪鞋由外壳和内胆两部分组成。外壳从鞋面到鞋底都很坚固，不怕碰撞，而且防水。滑雪鞋上有调整松紧的卡子和调节前倾角度的装置。内胆由化纤织物等松软、保暖的材料组成，对脚部有保护和保温作用。

2. 滑雪鞋的种类

雪具店的滑雪鞋种类很多（图 3–7），从功能上可分为竞技滑雪鞋和休闲滑雪鞋。竞技滑雪鞋的鞋靿较高，卡子多，前部可打开，穿鞋后用卡子固定紧鞋；而休闲滑雪鞋的鞋靿较矮，卡子少，有的鞋后部可打开，便于穿脱。此外，还有专门为女士和儿童设计的女士滑雪鞋和儿童滑雪鞋。

3. 怎样选择滑雪鞋

滑雪鞋的号码应该根据脚的大小、技术水平和个人喜好等因素选择。穿上滑雪鞋，要感到合脚、舒适，脚掌、脚背、脚弓、脚跟等在扣上卡子时被紧紧地包裹，脚趾在鞋中能适当活动。初学者可以选择轻便、灵活、富有弹性的滑雪鞋。技术好的滑雪者应该选择强度大的雪鞋，其任何一点儿微小的技术变化都能够通过滑雪鞋传递到滑雪板上，从而对滑行姿态和滑行速度、路线进行控制。

图 3–7　滑雪鞋

滑雪杖

滑雪杖（图 3–8）由杖杆、握柄、握革带、杖尖和雪轮组成。滑雪杖主要分为大众滑雪杖和竞技（竞速）滑雪杖。竞速滑雪杖会呈一定的弯曲状，以适应高速下滑时卷曲的身体。滑雪杖的作用是在滑雪时引导变向、提重心、交换重心、加速和控制平衡等。滑雪杖的握法是手背朝上，由下向上穿越握革带，手心朝下连同握革带根部及握柄同时握住（图 3–9）。除了滑雪杖之外，还有众多造型各异、功能不同的雪轮可供滑雪者根据具体的滑雪类型来选择。

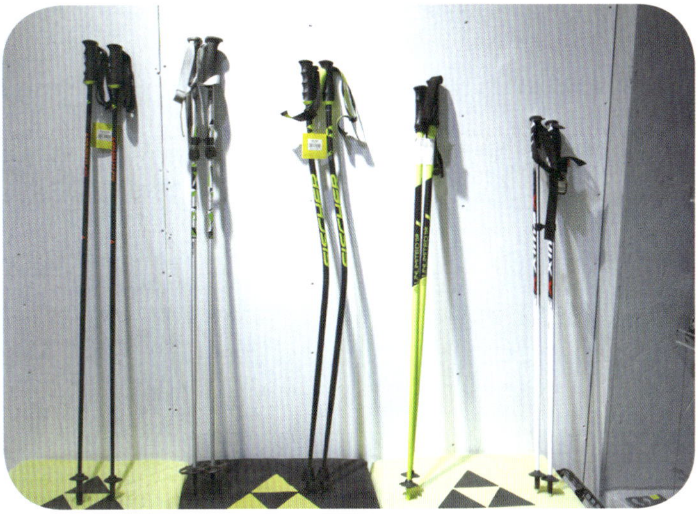

图 3–8　滑雪杖

图 3–9　滑雪杖握法

选择滑雪杖长度的方式是在拿着滑雪杖站立时，前臂与地面基本平行，肘关节约为 90°，此时滑雪杖的长度最为合适（图 3–10）。

图 3–10　滑雪杖长度选择

滑雪备品

如何选择一款合适的滑雪头盔

1. 滑雪头盔的结构

滑雪头盔一般由外壳、主体、内衬、调节器、固定装置、插扣和雪镜扣组成。还有一些赛事用的头盔会带一个护颌。

外壳

目前市场上销售的头盔外壳材料一般有两种：PC(聚碳酸酯)一体和ABS(塑料的一种)。还有一种高端材质就是复合材料(碳纤维、凯夫拉和玻璃钢及其他材质的复合体)。

主体

主体是头盔的关键部分，主要是吸收撞击时的能量，其材料主要为EPS(发泡聚苯乙烯)及EPP(发泡聚丙烯)等。目前主要使用的是前者(价格亲民一些)。新型材质有D3O及其他一些吸震材质。

内衬

内衬的作用是增加舒适感，其主要材质是海绵复合各种布料。也有部分品牌用热压的内衬，热压的好处在于看起来更精致。现在大部分的头盔都是可拆式内衬，可以清洗更换。

护颌

在一些赛事中，如DH、SG，运动员戴的头盔都是CLASS A的头盔，需要在头盔上装一个金属的护颌，用于保护下巴。

2. 滑雪头盔的款式

目前市场上销售的滑雪头盔基本上都是欧版，认证头型为 EN960。欧洲人的头形和亚洲人的头形不一样，欧洲人头部细长，所以很多中国人戴滑雪头盔时都会感到两侧比较卡。

3. 滑雪头盔的认证

CE EN1077: 欧洲认证（目前市场上销售的头盔大部分都是这个认证）。

ASTM F2040：北美认证。

FIS 2013/2014（国际雪联）：在 EN 1077/A 的基础上，撞击速度由 EN 1077/A 的 5.38 m/s 提升到 6.8 m/s，数值低于 250 g。所以 FIS 2013/2014 的标准比 EN 1077/A 的更高。

如何选择一款适合自己的头盔

1. 必须要有认证

市场上销售的滑雪头盔（图 3–11）都会标示认证，但很难判别这些头盔有没有经过认证，因此最好索要证书或者测试报告。同时还要看看这顶头盔的做工。

图 3–11　各种头盔

2. 滑雪头盔的挑选

挑选滑雪头盔主要看以下几点：

外壳	外观是否良好无瑕疵。
主体	用的是 EPS 还是 EPP，或者是其他材质。EPP 比 EPS 好。
内衬	主要看内衬是否可拆；用料是否舒适；缝纫做工是否精良。
耳罩	耳罩是否可拆且佩戴是否舒适。
舒适度	欧版的滑雪头盔，中国人戴起来多少会觉得两侧比较紧。所以在购买时，一定要多戴不同的款式和不同的尺码，从而选择一顶适合自己头型的头盔。

滑雪手套

滑雪手套（图 3–12）是滑雪者的必需品，选择时应选宽大的滑雪手套，手套腕口要长，最好能将袖口套紧。滑雪手套要具有保暖、防水、保护的功能。

滑雪镜

滑雪镜也叫风镜（图 3–13），是在冰雪环境下使用的特殊眼镜，不仅外观时尚，超轻炫酷，更重要的是能起到滤光、挡风的作用，摔倒时可防冲击。

图 3–12　滑雪手套

图 3–13　滑雪镜

滑雪镜的挑选

有极强的抗冲击能力，在猛烈的撞击下也不会破裂变形

必须能够 100% 地过滤紫外线与强光

镜片没有明显的视觉误差

具有防雾性，常规天气下不容易起雾

滑雪镜镜框必须贴合脸形

滑雪服

滑雪服具有保暖、防风、防水、吸汗、耐磨等特点。滑雪服一般分为竞技滑雪服和大众滑雪服（图 3–14）。其中竞技滑雪服以连体滑雪服为主（图 3–15）。

图 3–14 大众滑雪服

图 3–15 连体滑雪服

图 3–16 滑雪裤

大众滑雪服主要特点是舒适、美观、实用。而根据不同比赛项目设计的竞技滑雪服具有弹性好、保暖、安全、可减小空气阻力等特点，更利于提高比赛成绩。

选择滑雪服时应注意专业比赛服不能选择太小或太紧的服装，否则会限制滑行动作。滑雪服衣袖的长度，应以手臂上举后袖口刚到手腕部的长度为准。滑雪裤（图 3–16）的长度，应为一人蹲下后裤脚刚到脚踝骨的长度为准。滑雪服的外料应选耐磨、防风、防水的材料，内衣应选保暖透气的材料。滑雪服的开口以拉链为主，拉链头要大，这样方便戴手套操作。

怎样选择并使用雪蜡

雪蜡在滑雪项目中广泛使用，普通雪蜡应用于双板竞速、单板竞速、跳台滑雪、越野滑雪、双板自由式、单板自由式等项目。其中 MX901 为增强型雪蜡，更加适合专业队与俱乐部使用。

雪蜡使用方法如下（图 3–17）：

图 3–17　雪蜡的使用

1. 板底清洁

首先用铜刷清洁板底，把板底里面的陈蜡、尘土刷出来。

2. 调节熨斗温度

我们选用增强型底蜡为大家示范，把熨斗温度调节到 115 ℃。

3. 打蜡

熨斗加热后，把雪蜡均匀地滴到板底，并且把雪蜡熨均匀。打蜡后需要等待 4 小时再刮蜡。

4. 板底清洁

戴上手套，用刮板清除雪蜡，把板底表面的蜡清除干净。

5. 清除板刃余蜡

不要忘记刮掉滑雪板边刃的余蜡，用刮板的凹槽处清除。

6. 刷板底

首先用尼龙刷，再用马毛刷抛光板底。

不同雪蜡的适用环境温度：

蓝色蜡：AIR –25 ℃ > –10 ℃ / –13 ℉ > 10 ℉。

紫色蜡：AIR –12 ℃ > –4 ℃ / 10 ℉ > 25 ℉。

红色蜡：AIR –5 ℃ > 0 ℃ / 23 ℉ > 32 ℉。

黄色蜡：AIR –2 ℃ > 10 ℃ / 28 ℉ > 50 ℉。

专业训练用底蜡适用的滑雪项目为：

双板竞速、单板竞速、越野滑雪。

第四章

滑雪运动的注意事项及身体素质练习

滑雪是一项勇敢者的运动。滑雪运动具有快速、多变、与大自然相融的特色，同时也给人们带来刺激与享受。但是，当初学者忘我地投入其中的时候，往往容易忽视自身的安全，这是滑雪时不容忽视的问题。滑雪运动比我们平时参与的休闲运动具有更大的危险性，滑雪者必须引起足够重视，采取切实的手段，以减少滑雪重大伤害事故的发生。

安全意识

很多初学者都是抱着休闲娱乐的心态进行初次滑雪体验的，更多的人只是把滑雪当成一日游娱乐项目。虽然滑雪运动也是以休闲娱乐为主要目的的，但它是一项相对复杂并带有一定危险性的运动，对受众群体的综合素质要求较高。滑雪运动是集心理素质、身体素质、滑行技巧、安全意识、雪道规则、滑雪装备、救援救助等众多方面于一体的运动项目，因此在使滑雪者享受畅滑的同时，还要大力普及雪道规则和安全意识，以保障滑雪运动的持续发展。

滑雪运动注意事项安全守则

①初到雪场时，应先了解滑雪场的大概情况，记住地图上雪场设施的分布位置，认清警示标志，严格遵守滑雪场的有关安全管理的规定，注意索道开放时间，在无人看守时切勿乘坐。

②注意滑雪时器材和雪道的安全可靠性。要事先检查好滑雪板和滑雪杖，包括有无折裂的地方、固定器连接是否牢固、附件是否齐备等。在滑行中发觉器材异常或道路情况不明时应先停下来，待辨明情况后再前进。

③初学者应注意循序渐进，量力而行。在练习期间，应听从教练和雪场工作人员的安排和指挥，在未达一定水准时，不可擅自到对技术要求较高的雪道滑雪，以免发生意外。

④应了解滑雪的有关规则，如在停下休息时要离开雪道以免影响他人，滑雪时不能碰撞前面的人，否则将在事故中负主要责任。

⑤在区域较大的雪场滑雪时应早去早回，切记不可擅自越过雪场界限或远离营地，以免发生意外。不要单独在森林中或容易发生雪崩的时间或地点滑行，最好三人以上集体滑行。如单独出发，一定要告诉同伴或滑雪场管理人员。

⑥掌握运动强度，避免反复多次出汗而感冒或因精疲力尽而滑不回来。

⑦气候突变时（如突起大风、气温突然下降等），最好中止滑雪，采取应急措施。一般在无可靠防备措施时，不要向无人烟地区或原始森林中深入太多，因为风雪弥漫时容易迷失方向，滑雪板划痕会被风吹平，不易找到返程路。

⑧出发前应学习一些基本的保健知识和自救、急救常识。滑雪易冻伤的部位是手指、脚、耳、鼻尖、生殖器，应选用保温效果较好的羊绒制品或化纤制品对上述部位进行保温。

⑨滑雪时万一跌倒，不要急于挣扎而起，最好举起四肢任其顺势滑动，这样不易受伤。应绝对避免滚动。因此初学者在滑降时，固定器和鞋不要连接过牢，以保证在较大幅度的跌倒后滑雪板和鞋可自动脱开。

只有每一位滑雪者都遵守这些规则，才能保证滑雪的安全，减少人为造成的事故。

身体素质练习方法

为了更好地为滑雪打下良好的基础，更快地掌握和提高雪上技术，并防止伤害事故发生，专项身体素质练习必不可少。这不仅对滑雪有益，而且对提高身体健康水平也有效，可谓一举多得。身体素质练习应包含以下内容：

1. 核心肌群力量

身体直立的运动项目中，核心肌群的强弱是决定身体素质好坏的最重要因素。核心肌群指的是位于腹部前后环绕着身躯，负责保护脊椎稳定的重要肌肉群，包括 6 块（或 8 块）腹肌，也包括其他肌肉。核心机群能固定脊柱，保持身体的姿势。注意练习核心肌群力量、腰腹力量或是躯干控制力。

2. 膝关节力量

在滑雪中膝关节活动是重要的一环，关节力量练习必不可少。练习深蹲和半蹲（单双腿）、蹲起跳、单双腿侧跳、静蹲、屈膝走等能锻炼我们的关节力量。

3. 灵敏与协调性

灵敏素质表现在身体接收信息后迅速进行反应性动作的能力，而协调性一般可认为是调整能力，是指与自己目的相符并有效地进行运动的能力水平。灵敏、协调性素质在高山滑雪运动中都有重要作用。娱乐性高山滑雪时速一般都在数十千米，竞技滑雪最高时速可达 60~130 千米，这样的速度无论是对灵敏素质还是对协调性的要求都是很高的。

4. 平衡恢复能力

高山滑雪中的平衡恢复能力是指在滑行中由于某种原因破坏了身体平衡、改变了正常的滑行姿势、破坏了滑行节奏后极快地校正过来的能力。可以认为平衡恢复能力决定了校正失去平衡及改正“错误”动作的水平。平衡恢复能力在高山滑雪中是非常重要的能力。

5. 注意事项

在非滑雪期间，为了更好地保持已获得的与滑雪相关的素质，要适当地进行一些身体练习。进行身体练习时应遵循循序渐进、全面发展和不间断练习三个原则。

第五章

滑雪运动的基本动作练习

滑雪前的准备活动

1. 滑雪前准备活动的意义

准备活动的意义在于通过一般性活动获得生理上的一些变化，使身体各个器官和系统很快适应滑雪运动，提高练习效果，防止运动损伤。

2. 准备活动的内容

通常在滑行前，应做些伸展运动练习，练习时间和练习强度应适当；还可以增加其他

▲ 左右拉伸

▲ 前后拉伸

练习，如原地穿板或不穿板技术动作练习，以进一步掌握技术动作要领。

热身准备活动（图 5-1）练习的内容较多，根据实际情况可以灵活变动，但多以原地各关节活动为主，主要有膝关节、腰部、胯部、大小腿韧带拉伸等主要关节活动。

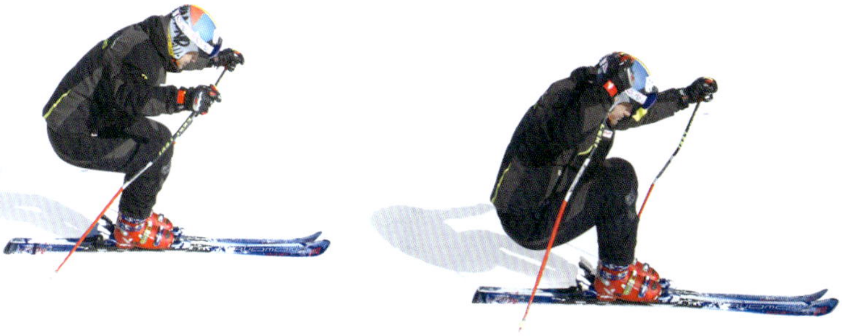

▲ 蹲起

▲ 左右转体

图 5-1 热身准备活动

基本动作练习

1. 穿脱滑雪鞋

图 5-2　穿脱滑雪鞋

2. 放滑雪板(图 5-3)

图 5-3　放滑雪板

3. 基本动作（图5-4）

◀ 滑行准备

▲ 手杖动作

▲ 站立

▲ 速降基本动作

速降

图 5-4　基本动作

4. 蹬滑练习（图5-5）

图 5-5　蹬滑练习

5. 原地摆动（图5-6）

图 5-6　原地摆动

6 . 左右移动(图 5–7)

图 5–7　左右移动

7. 起滑动作(图 5–8)

图 5–8　起滑动作

图 5-10　提杖转弯动作

8. 板刃动作和提杖转弯动作（图 5-9、图 5-10）

图 5-9 板刃动作

错误动作提示

注意：有些初学者经常出现以下错误动作（图 5–11）。

▲ 手杖未前伸

▲ 手臂僵直，手杖过于前伸

▲ 板尖交叉

▲ 外“八”字

▲ 重心靠后

图 5–11　错误动作

第六章

高山滑雪的基本动作、技巧、方法

高山滑雪基础技术

高山滑雪基础技术是指为了适应滑雪板、滑雪杖所要掌握的原地和行进的走、蹬坡、滑行、制动、方向变换及安全摔倒等基础性的技术动作。基础动作可以分为不着板、着单板和着双板等练习。掌握好基础技术，对基本技术的学习与掌握将会起到非常重要的作用。

不着板的练习

穿上滑雪鞋后，由于滑雪鞋的鞋靿较高，踝关节的可动性很小，活动受限。为了使练习者尽快适应滑雪鞋并提高对滑雪运动的兴趣，可进行不持滑雪杖，只穿着滑雪鞋的各种游戏，例如打雪仗、捉人等，也可利用小坡进行滑下及打爬犁等活动。通过各种游戏及活动，使练习者在不知不觉中提高对滑雪鞋的适应性。

两手持滑雪杖进行有支撑的走或慢跑的练习，体会滑雪杖与运动的配合（图 6–1）。习惯持杖行走后，可以进行一些练习，如侧向并步走、利用坡面进行蹬坡的练习等。

图 6–1　不着板练习

着板的练习

1. 着单板练习

着单板的练习（图 6–2）是指一只脚穿滑雪鞋另一只脚穿滑雪板，通过穿滑雪鞋脚的蹬动及穿滑雪板脚的支撑及滑进，循序渐进地提高对滑雪板和滑雪板着雪感觉的体会及提高平衡支撑能力。着单板的练习方法有较多，如原地练习、行进间练习等。

图 6–2　着单板练习

2. 原地动作

原地动作主要是指滑雪前的准备活动。穿上双板后可进行如下练习来习惯雪板，提高适应和平衡能力：

（1）不同程度的蹲下站起。

（2）双板平行开立，上体向左右倾斜。

（3）双板并拢，身体不同幅度地前屈及后仰。

（4）双板平行，向左、右跳跃。

（5）双板并拢，双板尾向左、右跳动。

3. 移动（滑行）

应在平坦场地进行移动（滑行），以进一步适应滑雪板、滑雪鞋及滑雪杖，达到人与器材协调一体。练习方法包括走（图 6–3）、滑行（图 6–4）、双杖推进滑行和侧向移动练习等。

图 6–3　双脚行走

图 6–4　滑行

4. 原地变向移动

原地变向（图 6–5）是指滑雪者在平地或坡面上处于非滑进状态时改变方向。初学者只有掌握了原地改变方向之后，才能比较自如地进行各种练习。原地变向的方法有很多，既有板尾、板尖依次移动展开以逐步改变方向的方法，也有一次能完成较大角度的变向，还有原地跳跃变向。这里主要介绍板尾、板尖依次移动改变方向和 180° 变向的方法。

（1）板尾、板尖展开变向

板尾展开变向和板尖展开变向适用于较平坦的雪面，其方法相近，也有人将这两种变向方法称为踏步式变向。原地变向如图 6–5 所示。

动作要领：无论板尖展开变向还是板尾展开变向，都要注意滑雪杖的位置。板尖展开变向时，滑雪杖支撑位置应在体前。滑雪板一次展开距离不宜过大，随着对滑雪板的适应

图 6–5　原地变向

再逐渐加大展开的距离。在展开滑雪板时，身体重量要明显地移动到支撑腿上，而且移动要快。

（2）180° 变向

180° 变向（图 6–6）多用于中等坡和陡坡，其特点是变向速度快。

动作要领：由双板平行站立开始，将一侧滑雪板在身体前方立起，滑雪板尾着雪，另一侧滑雪板支撑体重，伴随着向立起滑雪板外刃方向的转体，以立起滑雪板的板尾为支点，滑雪板向后转至 180° 着雪，此时形成双板体前交叉着雪，接着重心转移到转动脚上，提起之前支撑体重的滑雪板平转至双板平行并着雪。其变向动作还可分为前转 180° 变向和后转 180° 变向。将前转 180° 变向动作由结束部分依次向开始部分相反进行，即为后转 180° 变向。

图 6–6 180° 变向

5. 蹬坡

蹬坡是指滑雪者穿着滑雪板蹬上山坡的技术动作。因技术水平、雪质、坡度和滑雪者体力的不同，滑雪者应采用不同的蹬坡方法。蹬坡从雪痕上可以分为直蹬坡、斜蹬坡和 Z 字形蹬坡（图 6–7）；从雪板的形状上又可分为双板平行阶梯式蹬坡和滑雪板成 V 字形蹬坡（或称开脚蹬坡，图 6–8）。

图 6–7　Z 字形蹬坡

图 6–8　V 字形蹬坡

6. 停

初学者在坡上滑下时一般都是越滑越快，即使是在较理想的场地也难免会摔倒或冲撞。因此，掌握停止方法无论是对自己和对他人的安全，还是对于学习其他技术动作都是有益的。从山上向山下滑的关键是保持平衡。减速或停止是通过对滑雪板的控制，使滑雪板与前进方向成一定的角度或完全横对前进方向的同时，增加立刃以加大摩擦力来完成的。停止的方法有很多，初学者多用比较容易掌握的犁式停止法（图 6–9）。

动作要领：

（1）在滑行中使滑雪板成犁式状态。

（2）重心稍向后移，形成稍后坐姿势的同时两板尾蹬开，两侧内刃逐渐加大刮雪力量。

（3）逐渐加大板尾向外侧的立刃和蹬出力量，直到停止。

（4）水平较高的滑雪者多用双板内外刃急停方法进行停止。

图 6–9 停

7. 安全摔倒与站起

（1）安全摔倒

无论是优秀运动员还是初学者，在滑雪中摔倒是不可避免的。摔倒是产生外伤的主要原因。对初学者来说，重要的是掌握安全的摔倒方法及摔倒之后站起的方法。

安全的摔倒方法（图 6–10）：在失去重心的情况下，不要挣扎，任其滑动，绝对禁止翻滚。在要摔倒时，迅速屈膝降低重心，向身边两侧倒；两臂自然伸直，臀部向山上侧坐，两雪板稍举起，防止滚动；在完全停止前勿伸腿或使滑雪板着雪，并保持稍屈身姿势。

图 6–10　安全摔倒

（2）摔倒后如何站起来

在无人帮助的情况下，移动身体使头朝山上、滑雪板朝山下方向，形成侧卧状态（图 6–11）；然后抬起上体成侧坐姿势，收双板时使双板横对山下侧，尽量使双板靠近臀部，并用山上侧板外刃刻住雪面，再用手或雪杖支撑站起，如图 6–12 所示。站起前应：

①轻微活动一下身体，检查是否受伤。

②确认滚落线方向。

③将滑雪板举一起后向山下侧放置。

④双板平行并与滚落线垂直。

⑤屈身后用手支撑身体，向侧面站起即可。

图 6-11 摔倒移动

图 6-12 摔倒后站起

高山滑雪基本技术

滑降技术及其练习

滑降，从板形上可分为双板平行滑降和犁式滑降；从滑行状态上可分为直滑降、斜滑降和横滑降。这里所说的滑降技术不是高山滑雪竞技项目的滑降（downhill）技术，而是指滑雪基本技术中从山上向山下滑行时所采用的不同动作所构成的技术。基本滑降技术包括直滑降、犁式滑降、斜滑降和横滑降。通过各种滑降练习，主要掌握滑降的基本姿势、基本动作、用刃方法及用力顺序。通过反复练习来适应不同坡度、不同雪质和凹凸雪面上的重心移动，以及在不同速度情况下提高对滑雪板的控制能力，逐步达到省力、动作准确和自如的目标。

1. 直滑降

直滑降是指双板平行，垂直滚落线直线下滑的技术。通过直滑降的练习主要掌握基本滑行姿势，体会速度、滑行感觉及重心位置，提高对不同坡度的适应能力及对滑雪板的控制能力。直滑降的技术重点是用腿部的屈伸来调节和保持正确的滑行姿势。直滑降如图6–13所示。

◆ 动作基本要领：

①双板平行稍分开，体重均匀地放在两腿上，两脚用力。

②上体稍前倾，髋、膝、踝关节稍屈，呈稳定的稍蹲姿势，保持腿部随时可以屈伸的状态。

③两臂自然垂放两侧，肘稍屈，肩部始终处于放松状态。

◆ 重点难点：

滑行时，重心移动到前脚掌。

◆ 常见的错误动作：

①双板呈外“八”字滑行。

②重心后坐滑行。

③低头看滑雪板，不观察场地及前方情况。

◆ 常用的练习方法：

①从滑坡的小平台上出发，不持滑雪杖，保持正确姿势滑下。

②在滑降中做重心前后移动并保持滑行方向不变。

③在滑降中进行深蹲，用左手摸左脚或右手摸右脚，并保持滑行直线不变。

④在缓坡下滑中变换高低姿势，并保持滑雪板平衡及滑行方向不变。

◆ 注意事项：

①在练习中要注意体会重心上下左右前后移动时对雪板产生的影响及掌握对滑雪板的控制方法，防止一味追求速度。

②注意在中坡上起滑时的突然加速容易造成重心落后而摔倒。

③膝部屈伸动作是保持正确动作的关键，必须给予重视，并加强对膝部屈伸动作的训练。

图 6–13 直滑降

2. 犁式滑降

犁式滑降技术是将两只滑雪板后部向外推出，呈内“八”字状，用两只滑雪板的内刃卡住雪面向山下直线滑行。滑雪板“八”字角度的大小决定阻力的大小和滑行速度。

通过犁式滑降技术动作的学习，主要掌握板尾蹬开的动作及正确的身体姿势，提高滑降中用刃的能力及对方向、速度的控制水平。犁式滑降如图 6-14 所示。

图 6-14 犁式滑降

◆ 动作基本要领：

①双膝稍屈并略有内扣，重心在两板中间，两脚跟同时向外展，推开板尾，使滑雪板呈内“八”字形。

②上体稍前倾，上体、双臂及肩部放松，两手握杖自然置于体侧，杖尖朝后方。

◆ 重点难点：

板尾开角大小的控制。

◆ 常见的错误动作：

①初学者应防止“八”字过大而造成外伤，“八”字过小会速度快，难以控制。

②上体僵硬、臀部过于后坐、重心不在两板正中间、膝关节控制不稳。

◆ 常用的练习方法：

①从直滑降开始，然后犁式滑降—直滑降—犁式滑降停止。

②从小犁式滑降开始，然后大犁式停止。

③在中缓坡上进行练习，保持犁式板形，将重心分别向左右腿移动，体会改变方向后再恢复犁式滑降。

◆ 注意事项：

①板尾展开大小的控制要反复练习，力求达到能随心所欲地控制板尾展开。

②反复体会板尾推雪的感觉。

3. 斜滑降

沿直线斜着滑过坡面称为斜滑降（图 6–15）。斜滑降的板形有双板平行，也有犁式。练习斜滑降技术，主要初步体验双板平行转弯技术，为学习双板平行转弯打好基础。

◆ 动作基本要领：

①呈滑雪基本姿势，在坡面上斜对山下站立，山上侧板稍向前半脚。

②为了维持平衡，肩、髋稍向山下侧扭转，上体也稍向山下横倾，形成反弓形姿势。

③在保持反弓形姿势的同时，要想象双肩、髋部的两侧、两膝的三条连线与山坡形成四线基本平行。

◆ 重点难点：

①上体加大向左、向右的转体动作，以增强对板的控制能力。

②反弓形姿势变化与用刃是协调一致的，共同控制用刃的强弱及速度。

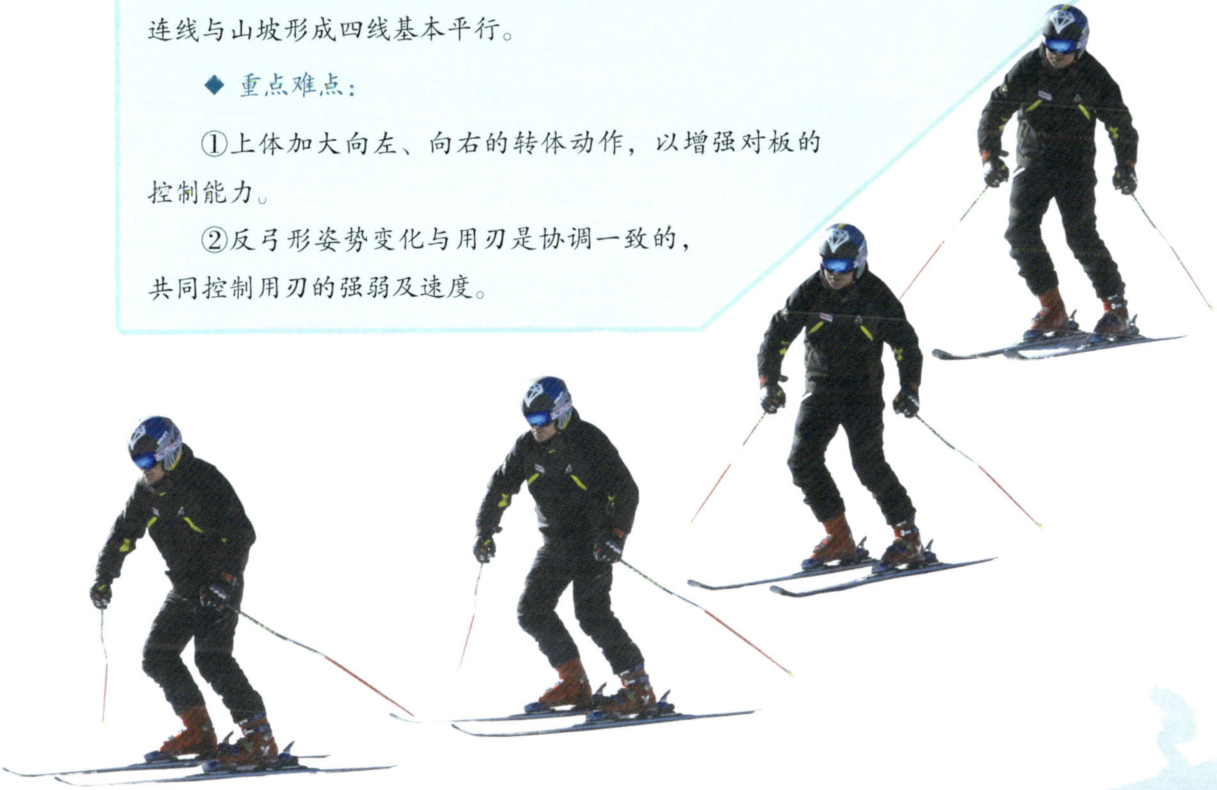

图 6–15 斜滑降

◆ 常见的错误动作：

斜滑时，身体正面姿势正对滑雪板方向。

◆ 常用的练习方法：

①扩大或缩小两板左右之间距离的斜滑降练习。

②在中缓坡上进行改变用刃强度的滑行。

③双手胸前平举滑雪杖或把滑雪杖平置于两肩之上，进行正确的斜滑降练习。

双板平行斜滑降的最大特点是身体姿势的外向（上体稍转向山下侧）和外倾（膝、踝向山上侧倾，上体稍向山下倾）。由于外向外倾构成了身体的“<”形，也称反弓形。在斜坡滑降时为了防止向山下侧横滑，两踝两膝向山上侧倾到产生一种由上向下踩住雪板的感觉，即两板山上侧负重。

4. 横滑降

横滑降（图 6–16）是指滑雪板横着沿垂直滚落线方向直线或斜线地滑下。通过这种技术的练习，提高对滑雪板方向的控制水平及调整相对应的身体姿势的能力。

滑雪者在学习了犁式滑降、犁式转弯技术之后，就要开始学习横滑降技术。该技术是进阶的基本动作，可以说是继续提升的关键技术。

要想学习更多高级阶段技术，就必须掌握好横滑降技术。要练习这项技术，滑雪者需要在山上选择一些陡峭坡，这是因为在平缓的雪道上不足以产生足够的下滑力，从而不可能用来练习横滑降。

我们有时候可能会遇到这样的情况，即便已经掌握了横滑降的技术要领，也并不是每次下滑都能够成功地运用

横滑降练习

图 6–16　横滑降

横滑降技术，这可能是因为坡道不够陡峭。我们在练习横滑降时，应将滑雪板垂直于滚落线，将胯部稍微向山上靠，上体面向山下，山上腿往前错开一脚，以便板刃能够切入雪中。这样做能让我们体会由静止到下滑的动作，慢慢体会、摸索横滑降的感觉。然后，胯部慢慢向山下方向倾斜，松动板刃，滑雪板慢慢开始下滑，马上通过调整身体来进行制动，只需要膝关节压向山上侧，胯部向山上靠，让胯部向山上方倾斜得越多，板刃就会卡得越紧，那么横滑降就会越轻松，不费力。

在横滑降时，双眼尽量看向山下 3~5 米处，而不是盯着自己的滑雪板。在练习时要养成这种好习惯，它能够帮助你避免很多常见的麻烦。通过调整臀部向山上方倾斜或者向山下方倾斜，来控制用刃的强弱变化。

你会发现，通过调整重心以及通过上体的扭动调整给滑雪板的压力，都能够调整横滑降的下滑速度，因此应前后调整重心，通过脚和腿的力量变化来控制下滑速度。逐渐体会这种微妙的变化，直到你能够自如地控制滑雪板。现在你可以向下滑一点儿，然后停下，再滑一点儿再停下。可以举一反三，将这项技术用于转弯或斜滑降，可以调整用刃的强度，可以控制下滑的速度，一切尽在自己的掌控之中。

◆ 动作基本要领：

①双板平行，上侧板稍向前约半脚。

②身体侧对滑下方向，上体更大地向山下侧扭转的感觉。

③通过调节两滑雪板与雪面的角度向山下滑进。

◆ 重点难点：

滑雪板垂直于山坡的直线横滑行。

◆ 常见的错误动作：

①身体正面等同于滑雪板方向。

②雪板刃立刃过大。

◆ 常用的练习方法：

①在缓、中、陡坡上进行单双板改变重心高度慢速横滑降的练习。

②在小的凹凸坡上进行斜线的横滑降练习。

◆ 注意事项：

①除用板刃控制方向及速度之外，还应结合上体的扭转来调节方向。

②用大量的练习来克服恐惧心理。

高山滑雪转弯技术

转弯技术的动作与阶段划分

转弯是高山滑雪技术中的重点、关键和精华，蕴含着无穷魅力。在下滑过程中要想改变方向，就必须依靠改变雪对滑雪板的阻力和重心向弧内方向的移动来完成。

1. 身体的位置

滑雪转弯是身体各部位相互协调的运动。我们要有下肢的发力驱转，还要有上体控制重心与转弯达到平衡，并完成转弯所需要的肌肉力量。优秀的驱转动作是上体保持稳定，转髋（顶髋）、转膝和大腿（锁跨）、立刃角度和重心前冲压力的控制融合而成的。

（1）身体姿势，由低逐渐升高之后又逐渐降低。

（2）在转弯中，外腿直，里腿曲，髋曲；交换期，双腿曲，髋直。

（3）重心前后移动：前期重心逐渐靠前保持到释放，后期重心靠后（重心切换）。

（4）重心左右移动：交换期重心左右移动。

2. 转弯技术的阶段划分

一个转弯的三个阶段（图 6–17）：

第一阶段：转弯的入弯阶段；

第二阶段：转弯的控制阶段；

第三阶段：转弯的结束阶段。

一个转弯的三个阶段组成了字母“C”形，两个连续的转弯组成了字母“S”形。在滑行过程中，还有四种运动在积极配合着转弯的三个阶段（图 6–17），使之变得更加充分。这四种运动是：前后运动、横向运动、垂直运动和旋转运动。

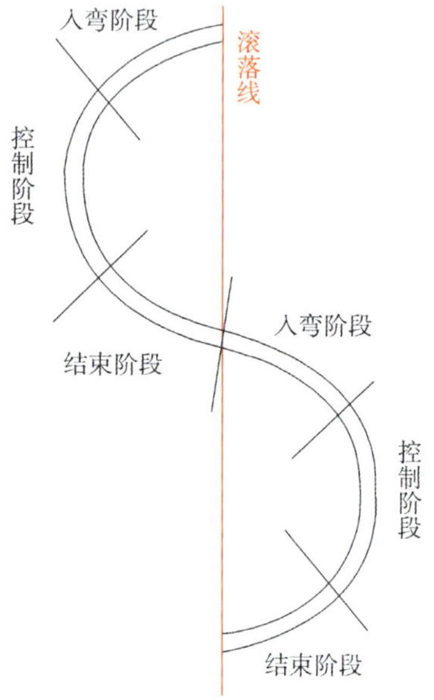

图 6–17　一个转弯的三个阶段

图 6–18 挂钟

现在，让我们把一个转弯看成是挂钟（图 6–18）的右半边，也就是在 12 点到 6 点。12 点与 6 点之间的连线就是滚落线，然后一起来看看在这三个阶段中，我们都需要做些什么？

第一阶段：入弯阶段

在上一个转弯即将结束的时候，也就是 12 点钟位置之前逐渐释放滑雪板的反弹力，到 12 点钟位置，两只滑雪板放平；到 1 点钟时，需要进行重心交换（横向运动），将压力从你山下脚转移到你山上脚（也就是下一个转弯的山下脚），踩到刃之后，开始持续地旋转大腿。

第二阶段：控制阶段

2 点钟位置，你需要持续旋转大腿（旋转运动），当滑行至 3 点钟位置时，膝关节带领滑雪板指向 6 点钟方向，而上体面向山下，这时产生了上、下体分离，继续向 4 点钟方向滑行。在控制阶段末尾与结束阶段开始的阶段，要保持大腿的持续旋转进而给山下板传递压力，这是为了增加垂直运动，让立刃的角度变得更大。

转弯技术及其练习方法

转弯是指改变方向的滑行。转弯方法有很多，作为基本技术的转弯大体可分为犁式转弯、半犁式转弯、半犁式连续转弯、双板平行转弯及双板平行连续转弯等。

1. 犁式转弯

犁式转弯是高山滑雪转弯技术的基础技术，其方法为两侧板尾分开，滑雪板呈“八”字形，在下滑过程中保持滑雪板的“八”字形不变，依靠体重向一侧移动或加大一侧板的立刃或蹬雪力量来改变方向。此技术动作虽为基础性转弯技术，但却有相当高的使用价值，而且对掌握其他雪上技术也有重要意义。通过犁式转弯技术的学习可逐步掌握重心的控制、移动的方法、滑雪板的控制要领、立刃技术的要领及身体的基本姿势。犁式转弯适用于缓坡、中坡的一般速度中，并可适应薄冰雪面之外的各种雪质。

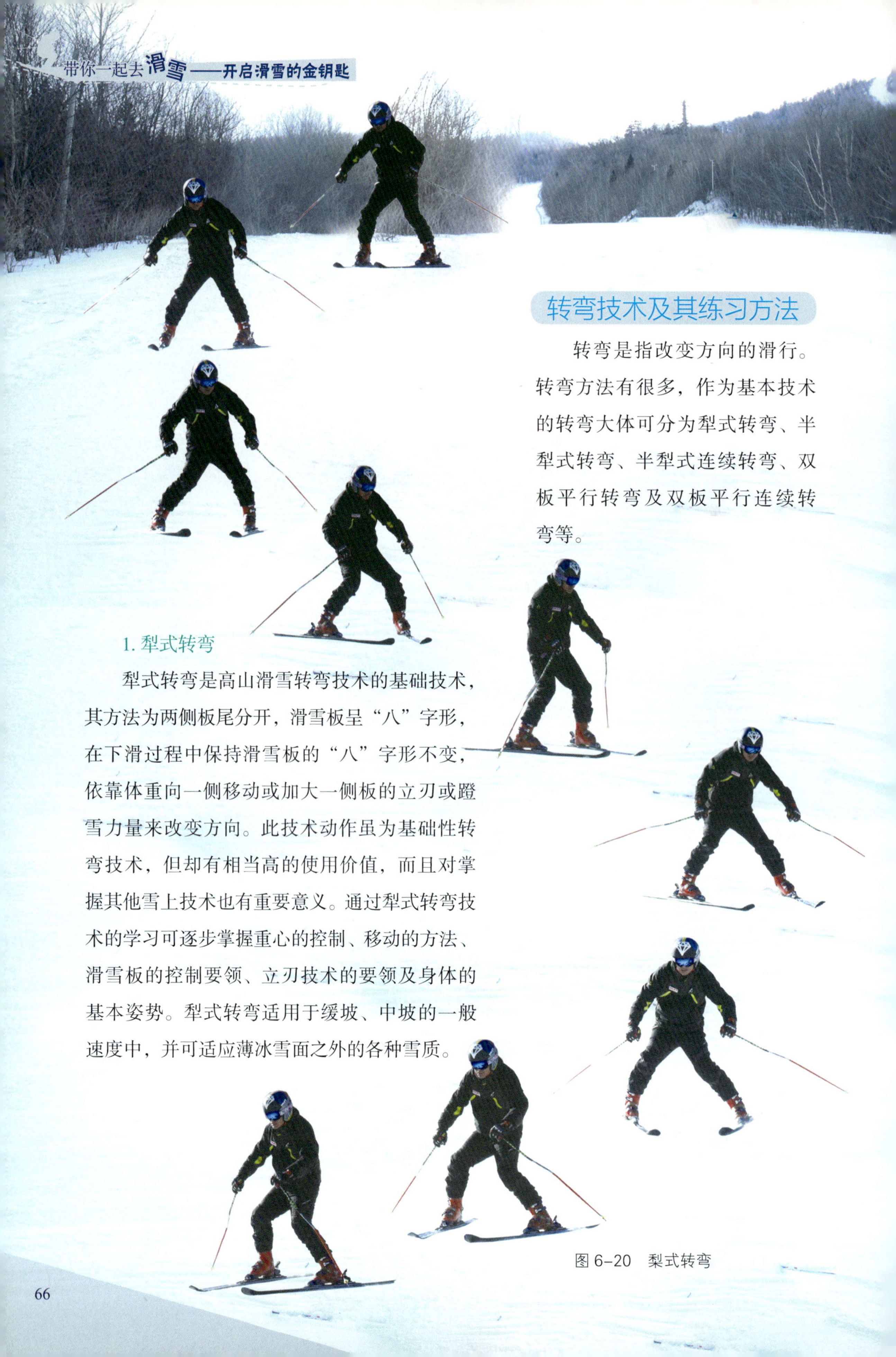

图 6-20　犁式转弯

（1）动作基本要领

在犁式滑降姿势的基础上将体重逐渐向一侧板上移动，保持滑雪板外形不变，进行自然转弯：单侧腿加力伸蹬是在犁式滑降动作基础上保持“八”字形不变，单侧腿加力伸蹬也会自然形成转弯。立刃转弯也同样，无论是移重心、单腿加力伸蹬还是单板加强立刃的转弯，都必须注意滑雪板外形、身体姿势不改变。

两板尾逐渐展开，体重向外板移动，滑雪板自然开始进入转弯状态。进入转弯后，板尾展开动作结束，体重依旧大部分放在外腿上，上体稍微有一点向转弯内侧转，两滑雪板逐渐滑向滚落线，进入滚落线滑行方向。此时应逐渐将体重向右板上移动，准备向反方向转弯，并应注意提高重心和放松。

评价犁式转弯质量应包括如下内容：用刃效果，重心移动，膝的屈伸幅度与时机的掌握，膝的扭转及用力大小的控制，双板的同时运动及正确的身体状态。

掌握了犁式转弯基本动作以后就可以进行犁式连续转弯练习了。犁式连续转弯的重点应放在进一步提高动作质量上，主要考虑转弯弧的圆滑程度、用刃和移动重心及身体姿势。

◆ 常见的错误动作：

犁式转弯重心左右移动和滑雪板蹬动不到位，身体跟转过大滑行。

◆ 常用的练习方法：

①双手叉腰移动体重后加大单侧伸蹬力量的转弯练习。

②随着移动体重转弯，伸单杖在外弧雪上画出圆滑的弧形痕迹。

③利用旗门进行有限制的左右深、浅弧的转弯练习。

④在平整的缓坡上不持雪杖滑行，用左手触按左膝或右手触按右膝使其自然转弯的练习。触按膝可使体重在左右腿上形成大约为 7∶3 的比例，因而形成转弯。

⑤保持滑雪板“八”字形，轻跳起 3~5 厘米进行转弯练习。

◆ 注意事项：

①经常注意保持外向动作，防止肩的过大摆动。

②注意体会滑雪板蹬出与立刃的结合及对转弯质量的影响。

2. 半犁式转弯

半犁式转弯（图 6–21）是滑雪板呈内“八”字形进行转弯的一种方法，滑行中保持正确的基本滑行姿态：屈膝、弯腰、手前伸、腿部呈内“八”字形。两滑雪板中一板是直滑降板形，另一板是犁式滑降板形。呈直滑降板形的滑雪板一般称为从动板，而呈犁式滑降板半犁式转弯形的滑雪板称为主动板。向主动板上移重心、加压、立刃都可以进行转弯。半犁式转弯是半犁式连续转弯的基础。通过半犁式转弯的练习，主要掌握重心移动、用力顺序、滑雪板蹬出的方向等技术。半犁式转弯的动作要领、练习方法，可参照半犁式连续转弯的有关内容。

3. 半犁式连续转弯

半犁式连续转弯从滑雪板外形上可以理解为：半犁式—双板平行—半犁式—双板平行（图 6–22）。山侧板蹬出连续转弯是由转弯的外侧板蹬出，可以直接进入转弯的调节阶段，半犁式动作的蹬出是始动阶段的开始，而内板收腿动作是在转弯的调节阶

图 6–21　半犁式转弯

段进行。由于山侧板蹬出的转弯动作是在下一个转弯的外侧展开滑雪板，体重的移动是左右方向，所以易在转弯的调节阶段出现滑雪板滑脱现象。山侧板蹬出进行转弯易进行速度控制，使用范围也较广。由于转弯处的开始是外侧滑雪板蹬出，所以也能较容易地进行圆滑的转弯。但转弯的调节阶段也较长，直至转弯结束。

半犁式连续转弯技术是非常重要的转弯技术，通过这项技术的学习可掌握不同情况下蹬开滑雪板的动作方法及收回、变刃、移动重心、变化重心高低的节奏、转弯时身体姿势的调节等。半犁式连续转弯运用于中坡、陡坡，可在高、中速度中灵活运用，对雪质的适应性也很强。

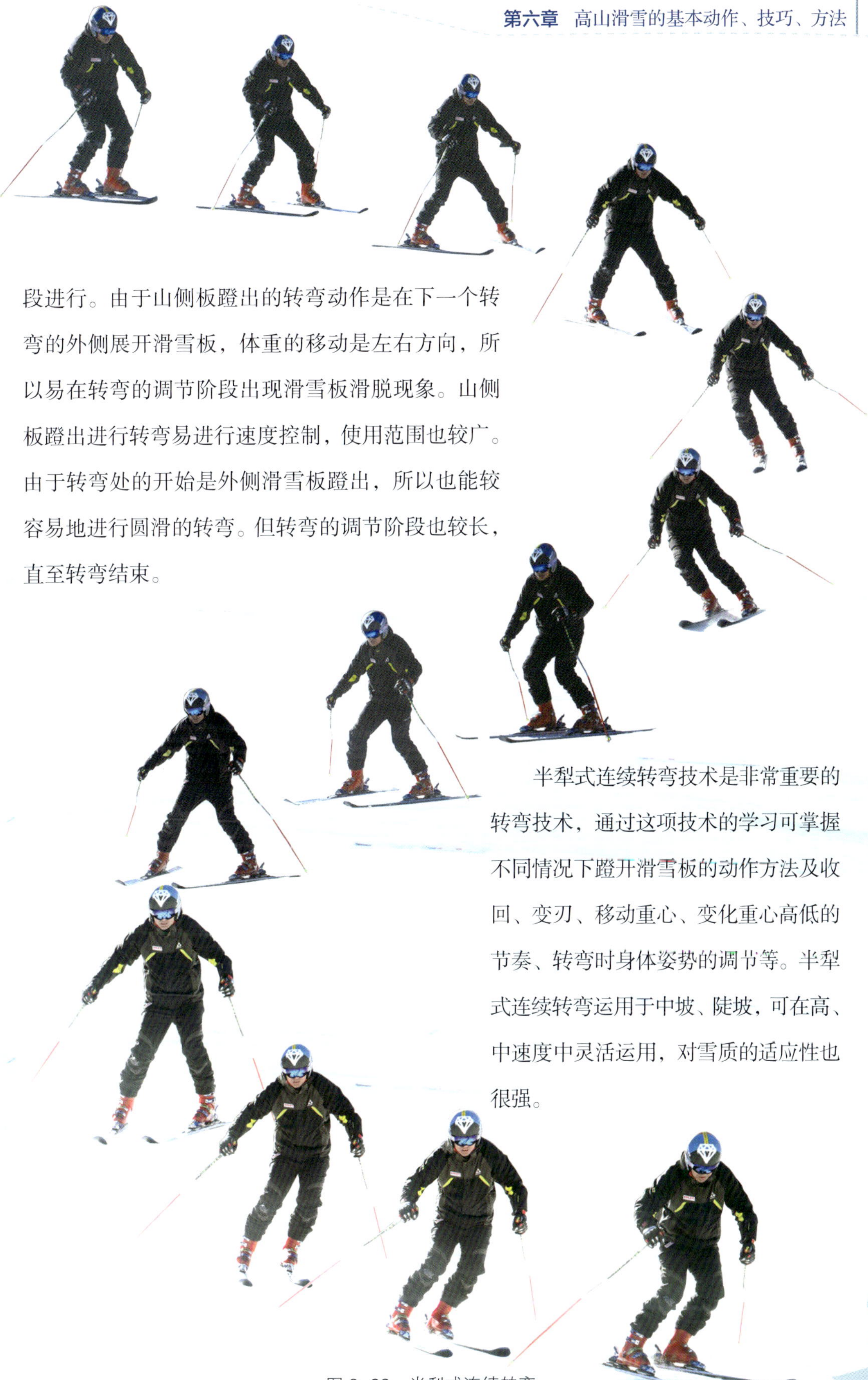

图 6-22　半犁式连续转弯

◆ 重点难点：

滑行中上体保持正直与前倾，重心移动外侧（8～9成），膝髋保持不动，移动里侧腿靠拢（1～2成）平行，转弯滑行。

◆ 常见的错误动作：

①转弯时上体起伏过大过直；

②坐着滑行的动作；

③上体过度外倾和撑杖位置离身体过远。

◆ 常用的练习方法：

①用犁式滑降技术进行滑降的练习；

②用犁式滑降技术从斜滑降过渡到横滑降的练习；

③在中、缓坡上进行山侧板和谷侧板蹬出的练习；

④用旗门限制在缓坡上进行两种蹬开方式的练习；

⑤分别用两种蹬开方式进行快速的练习；

⑥在转弯后半部的双板调节阶段进行双板“切入”的练习；

⑦在较长的线路上交替使用两种蹬开方式进行练习；

⑧中坡上变化旗门难度的连续过门转弯练习。

◆ 注意事项：

①注意完成动作的到位性和准确性；

②转弯时注意蹬板及重心移动的速度。

4. 双板平行（摆动）转弯及双板平行（摆动）连续转弯

双板平行转弯是指两滑雪板保持平行状态进行的转弯。转弯的转换方法大体有两种：一种是转弯的要素（重心、用刃、加压等）同时转换；另一种是转弯的要素依次进行转换。双板平行转弯与半犁式连续转弯技术的后部分有相同之处。

双板平行转弯属于具有较大实用价值的转弯技术，其优点是能够最大限度地保持速度，通过腿的强有力的回旋动作和双板立刃能够完成较高质量的转弯。它是双板平行连续转弯技术的基础。

平行转弯

◆ 动作基本要领：

①双板平行（摆动）转弯是身体各部位相互协调的运动。我们要有下肢的发力驱转，还要有达到平衡，并完成转弯所需要的肌肉力量。优秀的驱转动作是上体保持稳定，下肢转膝和腿，锁胯，立刃角度和重心前冲压力的控制融合而成的。双板承担的体重比例为3:7。

②加压、减压与动作节奏时机非常重要。转弯动作的完成阶段，立刃加强找到支点的加压使滑雪板成弓形，此时为加压阶段；减压滑雪板恢复原形，此时为减压阶段（加速，释放压力，双腿放松，重心由前移动到中后部）。时机准确与否决定了滑行节奏的优劣。

③膝关节的动作是下一个转弯开始的先导。

④点杖的时机、节奏非常重要。点杖的时机应是在完成转弯变换重心时。（逆手滑行，逆手打杆动作后）单肘摆至体前、两前臂稍展开时用小臂点杖。

⑤提重心。每个转弯滑行时要有明显的提重心动作，有利于转弯滑行。

⑥在滑行中有意识地对前后左右方进行观察，对可能发生的情况加以预测，可以防患于未然。

◆ 重点难点：

①转弯时，上体保持正直，发力点在里脚小脚趾骨上，外脚大脚趾骨上，重心前倾，左右摆动滑行。

②被动转弯：重心只是静止放在滑雪板上（中间），立刃由板形来进行转弯滑行，适合初级道练习。

③主动转弯：转弯时，立刃，顺势重心侧前冲直至转弯结束后移，下肢扭转驱动发力，配合走步式摆臂。适合中高级者练习。

◆ 常见的错误动作：

①转弯时上体跟转过大。

②腿形易形成K腿、O形腿，里腿发力不实等动作。

③在雪况、坡度有难度的情况下，滑雪者对失控的畏惧心理会导致动作完成过急，尤其是弯间转换的动作。可能会导致上身参与转弯发力，进而导致换刃不同步，或是瞬时的“Z”字。通常时机掌握不佳会体现在驱转不均上，导致弯形不圆、“Z”字滑行。

④后坐滑行。

◆ 常用的练习方法：

①科学教法，对讲机耳麦教学，提高滑雪教学训练水平，及时纠错、跟近。一次滑行 *N* 次指导和纠正，快速提高技术水平，达到事半功倍的效果。

②扶物练习，两侧由两人手拿一根 2.5 米长的旗杆，犁式或直线滑行，滑行者在中间扶着旗杆进行转弯练习。

③连续进行两个浅弧或深弧的练习。

④在坡上转弯时进行内板稍抬起用外板转弯的练习。

⑤在坡上点杖换刃时用跳起动作进行练习，以提高踝关节对动作质量的控制。

⑥不持滑雪杖进行双板平行连续转弯练习。

⑦限制上体（双手体前水平持杖、双臂抱前胸、两臂侧举、背手等）的双板平行连续转弯练习。

⑧在转弯点杖时，用双杖同时点杖动作的练习来保持上体与滑雪板动作的一致性。

⑨在中坡上进行快速、快节奏的双板连续转弯练习。

◆ 注意事项：

①注意点杖时机与重心高度和节奏的关系。

②在转弯练习时，注意速度、转弯的弧度与身体倾斜角度吻合并注意整体姿势。

③在转弯时应注意主动性。

第七章

卡宾技术及回转旗门入门技术

卡宾板转弯的特点

使用卡宾滑雪板进行的转弯技术为卡宾技术。卡宾滑雪板的出现，使更多的滑雪者能够比较容易地掌握高质量的滑雪转弯技术：

①双板间的距离增宽，一般为肩宽。特别是在陡坡、斜坡、硬雪中的滑行，更不能收窄，应尽量在合理范围内增大支撑面积。

②转弯时双雪板的板刃始终刻入雪面滑行，简化了引伸及“提并板”的过程，双雪板基本是“保持立刃”进行转弯。

③腰部以上的躯体稳定，增加了上体对转弯的控制。

④身体重心通常处于中间。

⑤转弯的重心力量向髋部、下肢集中。

⑥双滑雪板负重比例差缩小，根据实际情况调整两只滑雪板间的负重比例。

⑦卡宾滑雪板对回转最有利，使原本复杂、难以掌握的转弯技术变简单了，简化了转弯的过程。

卡宾板在脱落器的垫板上应用了减震材料。使用这些减震材料以后，从滑雪板传导到滑雪者的震动显著减小。值得注意的是，在应用减震材料时，它会以消耗传导有效性为代价。与汽车减震器的作用一样，滑雪者转向运动的力没有完全传递给滑雪板，一部分作用力被抵消，由于高速运动中转弯技术动作非常紧凑、半径较小、用刃角度很大，就增加了滑行时的危险性，并且随着坡度的变大，危险性也在增加。由于用刃角度的加大，滑雪鞋与雪面之间的角度变小，而滑雪鞋与雪面接触会最终导致滑雪者跌倒。通过脱落器垫板升高站立平面，使滑雪者有更大的立刃角度，从而减小了跌倒的可能性。

另外，随着垫板高度的增加，总的滑行时间减少。整个转弯分成一个变向阶段和一个非常短的变刃阶段。变向阶段是连续不变的，变刃阶段却由于使用了较高的垫板而明显缩短。正是由于每个变刃阶段的缩短而使整个滑行时间相对减少。

卡宾技术运用

卡宾板前部大小的顺序依次为回转（图 7–1）、大回转、超级大回转。滑降板的大头不明显，初级滑雪板较中、高级滑雪板的头部明显增大。这样设计的优点在于在转弯过程中，与车轮的道理类似，随着滑雪者对板的蹬动力的加大，由于滑雪板的弹性加大而使滑雪板产生了形变，即在板面的方向上，产生了中间凹两头翘的效果。这时就凸现出了卡宾板板刃侧弧的特点，由于板头与板尾都要比板腰宽，可以形成类似于车轮的效果。可以通过减小着雪面积而使转弯更容易、转弯的幅度更大。

大回转

卡宾回转

图 7–1　卡宾回转

重心移动滑行

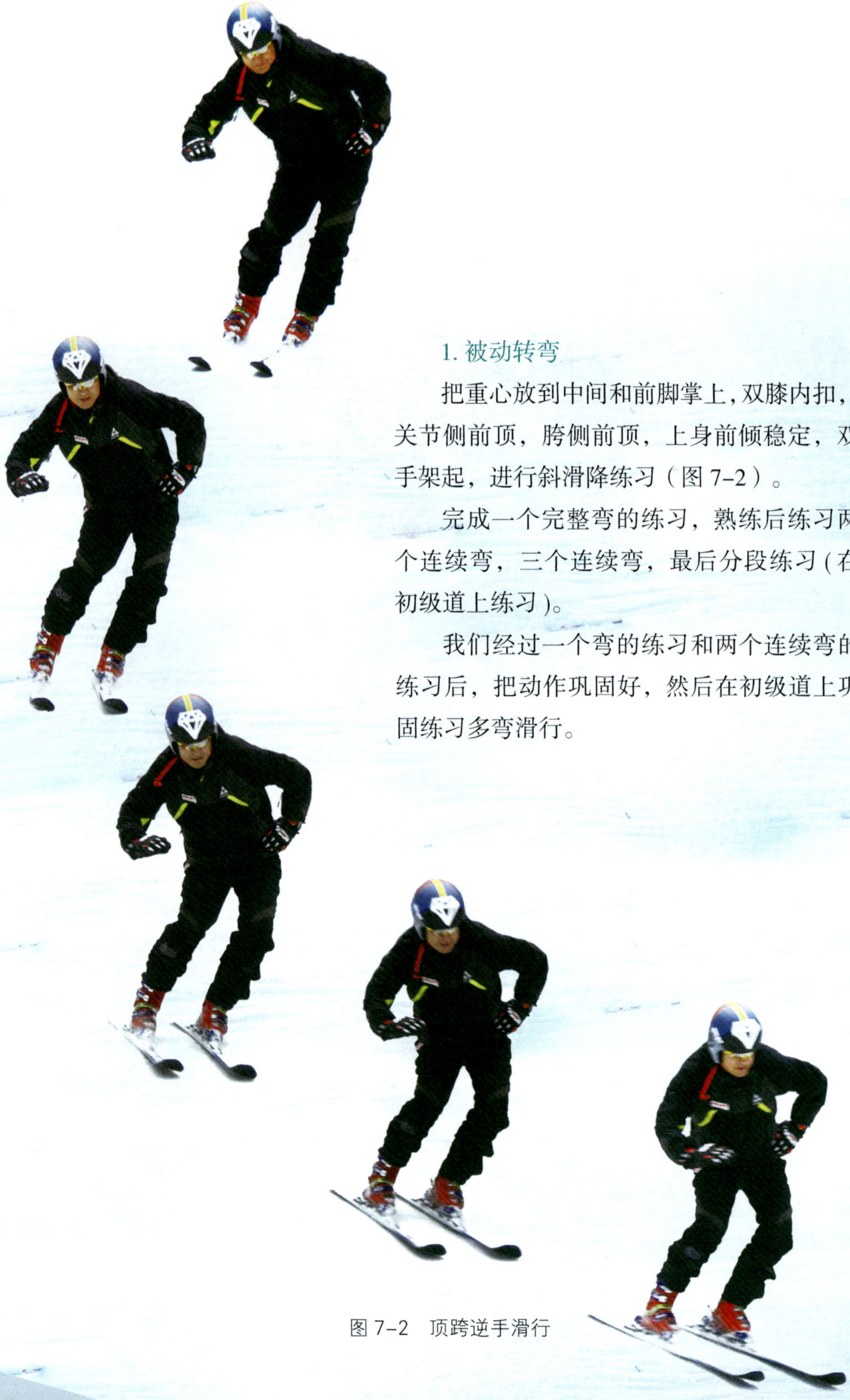

1. 被动转弯

把重心放到中间和前脚掌上，双膝内扣，关节侧前顶，胯侧前顶，上身前倾稳定，双手架起，进行斜滑降练习（图 7–2）。

完成一个完整弯的练习，熟练后练习两个连续弯，三个连续弯，最后分段练习(在初级道上练习)。

我们经过一个弯的练习和两个连续弯的练习后，把动作巩固好，然后在初级道上巩固练习多弯滑行。

图 7–2　顶跨逆手滑行

2. 主动转弯

在滑行过程当中，随着山坡的坡度，我们的重心在上下起伏、左右摆动、前后移动。转弯不是转一个弯就结束了，而是利用每一个弯的力量速度来转下一个弯，借力使力来进行滑行，就像钟摆一样，借力来进行摆动，进行荡悠。也像荡秋千一样，进行悠荡，在初始时用力大，在过程中给一点助力，就会荡得更高。熟练调整重心的前后、左右、上下运动，就掌握了滑雪卡宾技术。

滑雪板刃

利用滑雪板的功能进行立刃滑行转弯，滑雪板两头宽中间窄，当雪板印立起到的时候，滑雪板就形成了一个圆弧，立刀越大圆弧转弯越急。利用圆弧板刃滑行，就变成了刻滑滑行的技术。

回转旗门入门技术

回转旗门技术

回转旗门技术是围绕设置的旗门做小半径的转弯，滑雪者从山顶沿线路连续转弯穿越旗门障碍滑行。

视察线路

在正式滑行前，以横滑降或犁式滑行动作模拟滑行，视察线路，以保障正式滑行的顺利完成。

回转过门时机

提前进门：在即将转弯完的时候进门，给下一个转弯和动作留出快速变向空间，适合陡坡。

正常进门：在转弯过程中的时候进门，给下一个转弯和动作留出快速变向空间，适合中坡。

晚进门：在开始转弯的时候进门，没有给下一个转弯和动作留出快速变向空间，适合缓坡。

◆ 动作基本要领：

双板间的距离增宽，一般为肩宽。特别是在陡坡、斜坡、硬雪中的滑行，双板的板刃刻入雪面，“保持立刃”转弯滑行。回转旗门是膝髋导向，膝关节压杆，逆手顺势打杆滑行。

◆ 重点难点：

①走刃和转髋及逆手打杆滑行动作。

②旗门回转弹射滑行。

◆ 常见的错误动作：

①扫雪滑行。

②上体跟转打杆滑行。

③转弯的速度缓慢。

◆ 常用的学练方法：

①不持滑雪杖练习， 转弯时，双手同时摸外侧腿进行过门练习。

②不持滑雪杖练习，单手叉腰，里手平抬的过门练习。

③不持滑雪杖练习，双手举过头顶的过门练习。

④双手举过头顶，并横握滑雪杖的过门练习。

⑤持手杖过门练习。

◆ 注意事项：

①入门练习采用先易后难法则，旗门采用短杆和毛刷过门为最佳。不破坏整体动作，待稳定熟练后再进行长杆练习。

②建议在缓坡、中坡或缓中坡练习，待技术成熟后再进行陡坡练习。

第八章

乘坐滑雪索道

通过滑雪的基本技术练习，我们对滑雪器材有了一定的适应能力和控制能力，就可以开始上雪道了，向正式学习滑雪技术迈进。但在这之前，还有最后一关，雪道的起点在山上，怎样上山呢？难道用平行爬坡和八字爬坡吗？还是扛着滑雪板用脚走上去呢？当然是要借助机械上山。上山的输送索道有很多种，我们可以发现每个滑雪场的各级雪道边都有输送索道，而且每条索道都不相同。对于初学者来说，怎样上下索道同样是一个难题。我们常常可以看见有人摔倒在索道的起点或是终点，有时甚至出现危险。

滑雪场的索道主要分为封闭型和开放型两种形式。乘坐封闭式索道要将滑雪板与滑雪鞋分离，将滑雪板、滑雪杖用松紧带捆绑在一起携带，以避免在下车时将其中某件器材遗忘在索道上。

目前，我国大部分滑雪场的滑雪索道多为开放型，常见的索道有传送式、托臂式、拖牵式、吊椅式和吊箱式索道。滑雪者在上下开放型索道时，索道是不停止运行的，即滑雪者要在索道运行中完成上下索道。

索道种类

传动式索道及乘坐方式

传动式索道（图 8-1）类似于滚动电梯，一般用于坡度比较平缓的初级雪道。滑雪者站立在传动带上，靠传动带带动向上运行。传动式索道一般速度很慢，传送路线也比较短。

图 8-1　传动式索道

拖牵式索道及乘坐方式

拖牵式索道一般用于初中级雪道的滑行，相比传送式索道，其输送线路要长一些。常见的拖牵式索道为腿夹式和托臀式。乘坐托臀式索道时，首先身体朝向拖牵上方站好，将两只滑雪仗放在外侧手上，转头注视拖牵来的方向；里侧手准备抓托牵杆，拖牵到了以后用手抓住托牵杆，顺势将托臂至于臀下，将其夹在两腿之间。脱离时，双脚分开，顺势拿开拖牵，利用踏步或蹬冰式滑行的方式改变方向，离开索道。

吊椅式索道及乘坐方式

吊椅式索道一般由缆车输送一至多个座位，用于中高级雪道的输送。其特点是输送速度快、输送路线较长。乘坐吊椅时双脚平行朝向山上方向站好，两只滑雪杖握在一只手中，转头看索道的运行吊椅，另一只手扶住座位，坐到椅子上，放下吊椅前的防护栏，将滑雪板放在踏板上，滑雪杖平放在大腿上。接近下吊椅处时，将滑雪板抬离踏板，打开护栏，双脚着地自然站起，离开吊椅，迅速离开索道。

吊箱式索道及乘坐方式

吊箱式索道（图 8–2）为封闭的缆车输送，可容纳很多人，一般设置在大型或特大型滑雪场的长线路雪道上。乘坐吊箱式索道时要求乘客脱掉滑雪板，将滑雪板放在吊箱外的板槽内（大型吊箱可以拿到箱内），在下索道时再将其取出。

图 8–2　吊箱式索道

乘坐索道的注意事项

在乘坐腿夹式拖牵时，双腿要夹紧，身体稍微后仰，使身体重量直接作用在把杆上，在到达终点后，一定要松开手后再离开索道。

在乘坐吊椅式索道过程中，应保持身体平衡，不能晃动，防止滑雪板或滑雪杖脱落。

在下吊椅时利用滑雪仗的撑动迅速离开索道，以免被运行中的吊椅刮倒，同时也给后面的乘坐者让出下雪道的位置。

第九章

其他滑雪项目介绍

越野滑雪

越野滑雪是以滑雪板和滑雪杖为工具，运用登坡、滑降、转弯、滑行等基本技术，在起伏的山地沿规定线路进行的雪上竞速性体能类滑雪项目。它起源于北欧，又称为北欧滑雪，是世界运动史上最古老的运动项目之一。

越野滑雪运动技术包括传统技术和自由技术两种。

越野滑雪传统技术

越野滑雪传统技术可以分为平地滑行、蹬坡滑行、滑降滑行和转弯滑行等。

1. 平地滑行

（1）两步交替滑行

两步交替滑行是运动员的双脚与双手交替各做两次蹬动及撑杖动作而构成的一个周期性滑行方法。这在传统技术中是利用率最高的滑行方法。

（2）同时推进滑行

同时推进滑行技术主要用于平坦地带和缓下坡地段。运用同时推进技术可在双腿稳定滑行的基础上，有效发挥上肢和腰腹部的力量产生最快的滑行速度，也是越野滑雪使用率非常高的技术动作。同时推进滑行时可使腿部肌肉得到休息。

滑行的全过程分为两个阶段，即撑杖滑行阶段和惯性滑行阶段。

（3）跨一步同时推进滑行

要在同时推进滑行的基础上进一步加速，可在双杖向前摆动的过程中，同时用一只脚加力蹬动，在重心移换至另一支板上并配合一次双撑杖滑行。这项技术主要应用于缓上坡或雪质不好的平坦地带。

2. 蹬坡滑行

平地滑行与蹬坡滑行有着很大的区别。蹬坡时要增加身体向上的做功，它是需要两臂、腿部和腰腹肌协同动作并加力完成的动作技术。运动员要根据坡度的大小和雪质的不同来选择不同的蹬坡滑行技术。

3. 滑降滑行

滑降滑行是指由坡上地段向坡下滑行的技术，主要有直道滑降、半犁式滑降、犁式滑降等。

4. 转弯滑行

转弯滑行应用于滑行中改变方向或遇到障碍物需绕开避让时，主要有踏步式转弯、半犁式转弯和平行式转弯等。

（1）踏步式转弯

踏步式转弯主要应用于平坦地带或速度不太快的下坡地段，利用两板交替蹬动与踏步转换进行转弯，直到转换到所需的方向。

（2）半犁式转弯

半犁式转弯主要应用于速度较快或者转弯的线路较窄，而弯度比较急，且只有一个方向弯度的情况。

（3）平行式转弯

平行式转弯是越野滑雪技术中难度较大的动作，它主要应用于高速下滑时的急转弯、速度快而角度大的转弯或紧急情况下的躲避障碍和改变方向时采用的技术动作。

越野滑雪自由滑行技术

自由滑行技术可以使用越野滑雪所有的技术动作。越野滑雪自由滑行技术的特点：滑雪板不受雪槽限制，运动员利用身体重心的左右移动增加蹬动力，可自由方向滑行且无脱滑现象。而且自由技术不打防滑蜡，滑行中不用停板蹬动，能更好地利用体重的惯性动力获得加速度。正因为自由技术可以获得比传统技术更快的滑行速度，所以传统技术比赛中任何蹬冰式滑行技术是被严令禁止的。

自由技术滑行一般分为徒手滑行技术、单步双撑杖滑行技术和两步双撑杖滑行技术等。

1. 徒手滑行技术

徒手滑行技术一般应用于滑行速度较快，即每秒滑速超过 8 米时还要加速的情况，如超越对手、下坡滑行时的加速度、终点冲刺阶段等，此时用杖撑动已经不能加快速度，但可以在快速滑行中充分利用腿部的蹬动结合身体重心惯性动力的作用，来加快滑行速度。

2. 单步双撑杖滑行技术

单步双撑杖滑行技术是自由技术中应用最多、速度最快、效率最高的滑行技术动作，可应用在平坦地带、缓上坡、雪质不好时的缓下坡和起点出发加速或终点冲刺等时机，同时这项技术动作也是自由滑行技术中最重要的基础技术动作。

3. 两步双撑杖滑行技术

两步双撑杖技术主要应用于雪质良好、滑行线路宽阔平坦的平地或缓下坡，因为这项技术可以最充分地将身体重心的惯性运用到加速滑行中，所以可以有效地加快滑行速度。

跳台滑雪

跳台滑雪简称跳雪，是运动员穿着特制的滑雪板，沿着跳台的倾斜助滑道从陡坡飞速下滑、加速，借助速度和弹跳力，使身体跃入空中，使整个身体在落差1000多米的山地飞翔，最后落在山坡上。该项目从1924年第1届冬奥会即被列为比赛项目。

跳台滑雪运动起源于挪威。相传古时的挪威统治者想出一种处罚犯人的刑法，就是把犯人两脚各缚一只滑雪板，从有雪的高山往下推，让他自行滑下，当通过断崖的凸处时，身体就会抛向空中，在落在山下后摔死。后来，这种跳下滑雪的动作就逐渐地演变成现代的跳雪运动。

跳台滑雪是冬奥会的比赛项目之一，在1964年以前的8届冬奥会中，由于跳台规格不统一，只能以主办国的跳台为标准进行比赛。从1964年第9届冬奥会开始才统一跳台级别，才分别规定为70米和90米两种。

跳台滑雪运动由于跳台助滑道的角度及起跳端的仰起角度等不同，加上温度、风向、风力及雪质等自然条件的差异，跳台滑雪的性能也就随之变化。因此，比赛只有最好成绩，而没有世界纪录。

中国跳台滑雪运动水平发展较低，从2003年开始，中国跳台滑雪队获得赞助并常年在奥地利训练，经过多年的训练，水平有了较大提高，但较世界高水平运动员还有一定差距。

随着对空中滑翔技术要求的提高，跳台标准有所调整，现在冬奥会的跳台滑雪比赛设90米、120米和团体三项。团体赛由4人组成。按飞跃距离分和飞跃姿势分计算成绩。

飞跃距离分因距离不同而不同。1879年在挪威奥斯陆举行了第1次正式跳台滑雪比赛。比赛按飞跃者从台端起跳至着陆坡止的飞跃距离，并根据助滑路、起跳、空中、着陆、停止等几个动作的姿势进行评分；距离和姿势按评分表换算得分，计算名次。

北欧两项

北欧两项在法国夏蒙尼第一届冬奥会就被列为比赛项目。北欧两项由越野滑雪和跳台滑雪组成，是目前为止冬奥会上唯一一个只设男子比赛的项目，要求运行员既要有快速越野滑行的能力，同时还要具备精确的身体姿态控制能力和突出的跳跃能力。比赛主要规则与跳台滑雪和越野滑雪单项比赛的规则相同，越野滑雪全部采用自由技术。

单板滑雪

单板滑雪起源于20世纪60年代的美国，当时，人们把两只滑雪板绑在一起，创造了两脚踩踏在一只滑雪板上的新滑雪方式，有点“雪上冲浪”的味道。

在20世纪80年代初期，单板滑雪凭借其特有的刺激和优美感受风靡全球，在欧洲以及北美地区每年有数以百万计的“板友”为它疯狂。

现在，属于极限运动领域的单板滑雪早已成为年轻人的主流运动休闲项目。1994年，单板滑雪正式列为冬奥会项目。滑雪场投资商也开始在雪场内特别设立了单板公园，以此来迎合单板滑雪者的各种高难度动作要求。

在我国，单板滑雪的发展也很迅猛，深受广大青年人的喜爱，几乎每个滑雪场都会开设单板公园。

冬奥会的单板滑雪项目包括男女U形场地雪上技巧、男女四人追逐赛、男女双人平行大回转。运动员要在三个雪包、12个铁杆和铁箱以及一个U形槽组成的下行路线中，做出各种难度动作，最终根据难度和花样来评分。

第十章

冬奥会比赛项目和滑雪机构简介

北京 2022 年冬奥会滑雪项目

1. 越野滑雪

越野滑雪比赛（表 10-1）一共产生 12 枚金牌。

表 10-1　越野滑雪比赛项目

传统技术、自由技术和不同距离、不同人数的组合，构成了越野滑雪的项目群。	
男子	双追逐（15 千米传统技术 +15 千米自由技术）
	个人短距离（自由技术）
	15 千米（传统技术）
	4 × 10 千米接力
	团体短距离（传统技术）
	50 千米集体出发（自由技术）
女子	双追逐（7.5 千米传统技术 +7.5 千米自由技术）
	个人短距离（自由技术）
	10 千米（传统技术）
	4 × 5 千米接力
	团体短距离（传统技术）
	30 千米集体出发（自由技术）

2. 高山滑雪

高山滑雪比赛（表 10-2）一共产生 11 枚金牌。

表 10-2　高山滑雪比赛项目

男子	女子
滑降	滑降
超级大回转	超级大回转
大回转	大回转
回转	回转
全能	全能
团体赛	

3. 北欧两项

北欧两项比赛（表 10–3）一共产生 3 枚金牌。

表 10–3 北欧两项比赛项目

个人：跳台滑雪标准台 + 越野滑雪 10 千米
个人：跳台滑雪大跳台 + 越野滑雪 10 千米
团体：跳台滑雪大跳台 + 越野滑雪 4 × 5 千米接力

4. 跳台滑雪

跳台滑雪比赛（表 10–4）一共产生 5 枚金牌。

表 10–4 跳台滑雪比赛项目

男子个人标准台
男子个人大跳台
男子团体
女子个人标准台
混合团体（新设）

5. 冬季两项

冬季两项比赛（表 10–5）一共产生 11 枚金牌。

表 10–5 冬季两项比赛项目

男子	女子
20 千米个人	15 千米个人
10 千米短距离	7.5 千米短距离
12.5 千米追逐	10 千米追逐
15 千米集体出发	12.5 千米集体出发
4 × 7.5 千米接力	4 × 6 千米接力
混合接力：女子 2 × 6 千米 + 男子 2 × 7.5 千米	

6. 自由式滑雪

自由式滑雪项目的大跳台比赛（表 10–6）一共产生 13 枚金牌。

表 10–6　自由式滑雪项目的大跳台比赛项目

男子	女子
空中技巧	空中技巧
雪上技巧	雪上技巧
障碍追逐	障碍追逐
U 形场地技巧	U 形场地技巧
坡面障碍技巧	坡面障碍技巧
大跳台	大跳台
空中技巧混合团体 (北京冬奥会新增小项)	

7. 单板滑雪

单板滑雪比赛（表 10–7）有男女 U 形场地技巧、坡面障碍技巧、平行大回转、大跳台和障碍追逐等项目，一共产生 11 枚金牌，其中障碍追逐混合团体比赛是北京冬奥会新增小项。

表 10–7　单板滑雪比赛项目

男子	女子
平行大回转	平行大回转
障碍追逐	障碍追逐
U 形场地技巧	U 形场地技巧
坡面障碍技巧	坡面障碍技巧
大跳台	大跳台
障碍追逐混合团体 (北京冬奥会新增小项)	

8. 雪车

雪车比赛（表 10–8）一共将产生 4 枚金牌。

表 10-8 雪车比赛项目

男子	女子
双人	单人（新设）
四人	双人

9. 钢架雪车

钢架雪车项目的比赛项设男子、女子各一个项目，一共将产生 2 枚金牌。它和雪橇比赛最主要的区别是头朝前俯卧滑行。

10. 雪橇

雪橇比赛（表 10–9）一共产生 4 枚金牌。

表 10-9 雪橇比赛项目

男子单人雪橇
女子单人雪橇
男子双人雪橇
雪橇团体接力

历届冬奥会概况

届次	时间	地点	参加国家和地区数 / 个	人数 / 人	备注
1	1924 年 1 月	法国夏蒙尼	16	258	越野滑雪、跳台滑雪、北欧两项、右舵雪橇、初期的冬季两项（滑雪和射击）为表演项目
2	1928 年 2 月	瑞士圣莫里茨	25	464	
3	1932 年 2 月	美国普莱西德湖	17	252	
4	1936 年 2 月	德国加米施 – 帕滕基兴	28	646	增设高山滑雪全能（回转 / 滑降）

届次	时间	地点	参加国家和地区数 / 个	人数 / 人	备注
5	1948 年 1 月	瑞士圣莫里茨	28	669	增设回转、滑降
6	1952 年 2 月	挪威奥斯陆	30	694	
7	1956 年 1 月	意大利科尔蒂纳·丹佩佐	32	821	
8	1960 年 2 月	美国斯阔谷	30	665	增设冬季两项
9	1964 年 1 月	奥地利伊斯布鲁克	36	1091	增设无舵雪橇
10	1968 年 2 月	法国格勒诺布尔	37	1158	
11	1972 年 2 月	日本札幌	35	1006	
12	1976 年 2 月	奥地利因斯布鲁克	37	1123	
13	1980 年 2 月	美国普莱西德湖	38	1072	中国首次参加冬奥会
14	1984 年 2 月	南斯拉夫萨拉热窝	49	1272	
15	1988 年 2 月	加拿大卡尔加里	57	1423	自由式滑雪为表演项目
16	1992 年 2 月	法国阿尔贝维尔	64	1801	增设自由式雪上技巧
17	1994 年 2 月	挪威利勒哈默尔	67	1737	增设自由式滑雪空中技巧
18	1998 年 2 月	日本长野	72	2176	增设单板滑雪 U 形场地技巧、平行赛
19	2002 年 2 月	美国盐湖城	77	2399	增设男女俯式雪橇单人、女子有舵雪橇（车）双人
20	2006 年 2 月	意大利都灵	80	2508	
21	2010 年 2 月	加拿大温哥华	82	2566	增设单板追逐
22	2014 年 2 月	俄罗斯索契	87	2873	
23	2018 年 2 月	韩国平昌	92	2922	
24	2022 年 2 月	中国北京	未公布	2892	增设女子单人雪车、跳台滑雪混合团体、自由式滑雪大跳台（男、女）、自由式滑雪空中技巧混合团体和单板滑雪障碍追逐混合团体

滑雪组织机构介绍

（1）国际滑雪联合会

国际滑雪联合会（FIS）1924年由成立于1910年的国际滑雪委员会改组成立，总部设在瑞士，现在协会会员有101个，是国际体育联合会总会的成员。中国滑雪协会于1981年5月加入国际滑雪联合会。

国际滑雪联合会的任务是促进滑雪运动发展并把握其方向，在协会会员间及各国运动员之间建立和保持友好关系，在其能力所及的范围内支持协会会员实现其目标；组织世界滑雪锦标赛、世界杯和大洲杯赛以及联合会批准的其他比赛，制定并监督规则的执行；作为终审机关处理与联合会比赛及其规则有关的抗议和法律问题，促进以增进健康为目的的娱乐滑雪，采取各种措施，避免事故发生，保护环境。

（2）国际冬季两项联盟

国际冬季两项联盟成立于1993年，总部设在奥地利，现有61个协会会员，负责滑雪运动世界锦标赛、世界杯赛的举办。该组织的机构有代表大会、执委会、仲裁法庭。代表大会是最高权力机构，每两年召开一次，协会会员均有一票表决权。执委会是行政管理机构，由主席、副主席和五名委员组成。秘书长是由执委会雇佣的专职工作人员，以咨询人身份出席执委会会议，但无表决权。

国际冬季两项联联盟设有代表大会选举产生的技术委员会、医务委员会、运动员委员会和发展委员会，以及由执委会选举产生的营销委员会、信息委员会、财务委员会和法律委员会等专门委员会。仲裁法庭是由三名仲裁人组成，主席由具有法官资格的人士担任的独立机构，用于处理联盟与协会以及协会与协会之间的冲突。

（3）国家体育总局冬季运动管理中心

国家体育总局冬季运动管理中心（简称“冬运中心”）成立于1994年，是国家体育总局的直属事业单位，对我国冬季体育运动项目具有全面管理的行政职能。冬运中心是中国滑冰协会、中国滑雪协会、中国冰球协会、中国冬季两项协会、中国冰壶协会的日常办事机构，负责我国冬季运动项目的国际交往和技术交流，代表中国参与国际体育竞赛，拥有在我国举办冬季运动项目国际体育活动的审批和组织管理权。冬运中心的主要任务是：根据国家的体育方针、政策、组织、指导全国冬季运动项目的发展，开展群众体育活动和经营活动，为所属运动项目的发展积累资金。

（4）中国滑雪协会

中国滑雪协会于1984年成立，会址设在北京。中国滑雪协会是代表中国参加国际滑雪联合会和其他国际雪上组织举办的各类国际、洲际间雪上活动的唯一合法组织。中国滑雪协会的职能是制定滑雪运动发展规划、管理法规、训练竞赛制度和全国竞赛计划、规划、裁判法；组织运动员、教练员、裁判员和各国专业技术人员的培训；开展国际交往和技术交流；选拔和推荐国家集训队运动员、教练员，组织集训和参加国际比赛；组织科学研究工作等。

中国滑雪协会吸纳从事滑雪相关活动的团体和热爱滑雪运动的个人为协会会员。中国滑雪协会下设项目委员会（高山滑雪委员会、越野滑雪委员会、跳台滑雪委员会、自由式滑雪委员会）、教练委员会、竞赛委员会、器材装备委员会、科研医务委员会、少年培训委员会、新闻信息委员会、场地设施委员会、旅游开发委员会、国际联络委员会。

附录　常见术语解析

高山滑雪是在大自然的山坡上进行的雪上运动，具有鲜明的自然属性。高山滑雪是滑雪运动的象征与精华，是大众滑雪的主项。在高山滑雪技术的研讨、学习、实践中，会涉及许多术语，现将主要术语归纳如下：

重力：滑雪者的体重可粗略理解为重力。双雪板间的重力承重比例的转换（简称重力转换），也可理解为体重的转换。

重心：指人体总重力的作用点，其方向对向地球中心。人体静直立时，重心位置一般在脐下第三骶椎前方7厘米处，女性重心较男性略低。如果将人体理解为一个左、右、前、后都对称的立式物体，重心肯定在左右、前后两个对称截面的中心线上。在滑雪运动中，重心有时在体内，有时在体外。重心在滑雪运动中的移动方向是多维的，是前后、左右、上下移动的合成。

重心交换：一般指滑雪过程中左右两侧负重的变换。

重心投影点：一般指重心与地心连线通过雪地上的那一点。

负重或承重：一般指承担主要体重的滑雪板（或负重腿、负重脚）。

用力（施压）：一般指重力或重力与肌肉内力相结合的合力对雪板（腿、脚）施加的压力。

支撑面积：一般指雪板在雪面上的位置及板形、板位（有时也考虑滑雪杖的支撑）所形成的假想稳定面积。

滚落线：一个球体从山顶向山下顺着山坡不改变运行方向滚动的完整直线。滚落线与地图等高线（落差线）相垂直。

滑降：指从山坡上向山坡下，滑雪板垂直滚落线直线滑行。

转弯：指从山坡上向山坡下左右来回转换滑雪板运行方向的滑行。竞技滑雪中称为回转。

登坡或登山：指穿滑雪板向山坡上方移动。

参考文献

［1］贺慨．滑雪［M］．北京：北京体育大学出版社，2009.

［2］王石安．雪上运动［M］．北京：人民体育出版社，2011.

［3］佐佐木常念．急速前进！提高滑雪水平的50个基本要领［M］．杨凡，王爽威，译．北京：人民邮电出版社，2016.

［4］马托斯．双板滑雪完全指南［M］．2版．张亦弛，译．北京：人民邮电出版社，2016.

［5］国家体育总局职业技能鉴定指导中心．滑雪［M］．北京：高等教育出版社，2011.

［6］安林彬．京奥冰雪 滑雪模块 一 高山滑雪［M］．北京：北京出版社，2018.

［7］许水生．大学体育理论与实践［M］.2版．哈尔滨：哈尔滨工程大学出版社，2018.

［8］全国体育院校教材委员会．冰雪运动［M］．北京：人民体育出版社，2001.

［9］安林彬，袁吉．越野滑雪教程［M］．长春：吉林大学出版社，2015.

［10］宛祝平，杨雨龙．越野滑雪［M］．长春：吉林出版集团有限责任公司，2008.